C000018593

ROLA SPANISH
Level 4

Edward Lee Rocha
and
The Rola Languages Team

Copyright © 2021 by Rola Corporation
Cambridge, Massachusetts

All rights reserved. No part of this publication may be reproduced, distributed or transmitted in any form, or by any means, or stored in a database or retrieval system without the prior express written permission of the author of this book.

Contributors:
Edward Lee Rocha
Shoshana Boardman
The Rola Languages Team

Images:
Canva
Pixabay
Unsplash

PRINT ISBN: 9781087937366
EBOOK ISBN: 9781087964904

Other titles by Edward Lee Rocha
Rola Languages' Spanish: Level 1
Rola Languages' Spanish: Level 2
Rola Languages' Spanish: Level 3
Bilingual Holiday Series
La Familia Rocha Series

Love this book?
Please leave us a review.

Have comments/questions or need assistance?
Please visit rolalang.com or contact us at info@rolalanguages.com. We're happy to help!

ABOUT THE AUTHOR

Edward Rocha is the founder and President of Rola Corporation and director of Rola Languages. He was raised bilingual in rural Texas. Ed is fluent in English and Spanish and a student of French, Portuguese, and Mandarin with nearly 20 years of language teaching experience. After privately tutoring Spanish for many years and living abroad in Argentina and Spain, he fell in love with the idea of a language school, and as an avid entrepreneur and language and communications specialist, Ed was determined to build such a community in Boston. He formalized his teaching method and thus, Rola Languages was born in 2008.

In setting up the Spanish curriculum, Ed couldn't find a textbook he liked that fit the Rola Method and addressed the needs of adult learners, so he decided to make his own!

ABOUT ROLA LANGUAGES

Rola Languages is a part of Rola Corporation, an international education company focused on creating a global brand with 3 education companies, through curriculum development, consulting, and partnerships.

Rola Languages began with a small group of learners and teachers who recognized the necessity of communicating multilingually both in their back yards and in their businesses. The goal at Rola is to offer affordable, structured, and effective classes to students of all ages and backgrounds.

Rola promotes its system called the Rola Method, and applies it to course development and teaching in areas of language, communications, and professional development. The Rola Method is a progressive teaching method that promotes fluency through repetition. We formed our method with the needs of our students in mind; designed to increase retention and confidence and make the most of practice time. Rola Languages instills in students the confidence necessary to reach their language goals, in a rigorous but fun environment.

Interested in signing up for a language course?
Visit rolalang.com or contact us at info@rolalanguages.com.
Follow us on social media: @rolalanguages

INTRODUCTION

Congratulations, you've purchased the **Rola Languages' Spanish: Level 4** book!
Now you're ready to jumpstart your Spanish language learning experience.

This guided workbook was crafted with real-life classroom experience in mind and features lessons that focus on specific areas, easy to follow instructions, an abundance of practice activities and more!

Each chapter focuses on a set of vocabulary and grammar concepts that give you the tools to start speaking Spanish in a practical way by introducing vocabulary translations that are present within the readings and exercises that follow. This book presents a global perspective of the Spanish language including key information about Castilian Spanish (from Spain), but focuses on a broader view of the Spanish-speaking world of Central and South America.

Each chapter consists of 7 sections focused on the areas of vocabulary, grammar, readings, exercises and review. The readings are incorporated throughout to provide situational context and help build comprehension skills. Each chapter has guided lessons to put your learning to the test and build on the skills and concepts acquired. Each chapter ends with a section that reviews the material and puts the concepts learned together; a cornerstone of the Rola Method.

The Rola Method

The Rola Method is a progressive teaching method that promotes fluency through repetition. With the needs of our adult students in mind, it was designed to increase retention and confidence.

Our method focuses on 3 parts and is reflected in the structure and exercises:
1. Vocabulary Building/Repetition
2. Verb Drills/Grammar
3. General Conversation/Fluency

This textbook provides a solid foundation of basic vocabulary and grammatical structure of the Spanish language, including real-life examples to help contextualize concepts learned for day-to-day application. With this workbook, you will be well on your way to becoming a Spanish speaker in no time!

Additional Resources
Website: rolalang.com
Follow us on social media: @rolalanguages

ÍNDICE / INDEX

CAPÍTULO 1

SECCIÓN 1/SECTION 1

1.1 Vocabulario/Vocabulary

La Ropa/Clothing

El abrigo, el saco	Coat
La chaqueta	Jacket
La camisa	Shirt
La camiseta	T-shirt
La falda	Skirt
El vestido	Dress
El pantalón	Pants
El pantalón vaquero, jean	Jeans
Los shorts	Shorts
El suéter	Sweater
La capa	Cape
El chaleco	Vest
El traje	Suit
El frac	Dress coat
El smoking	Dinner jacket
El impermeable, la gabardina	Raincoat
Las bragas	Panties
El sostén, el sujetador	Bra
Los calzoncillos	Boxers, underpants
Los calcetines, las medias	Socks
Los zapatos	Shoes
Las zapatillas	Sneakers
Las botas	Boots
Las sandalias	Sandals
El gorro	Cap
El sombrero	Hat
La corbata	Tie
Los guantes	Gloves
El bolso	Bag
La cartera	Purse
El bikini	Bikini
El traje de baño	Bathing suit
La camisón	Nightgown
El delantal	Apron

La ropa is never plural. When talking about items of clothes, we use a different word: *las prendas*.

Ejercicio 1/Exercise 1

Escribe los nombres de las siguientes prendas./Write the names of the following clothing.

1) _____ 2) _____ 3) _____ 4) _____ 5) _____

6) _____ 7) _____ 8) _____ 9) _____ 10) _____

Ejercicio 2/Exercise 2

Escribe la frase otra vez con el pronombre de objeto directo correcto y en presente progresivo./Write the sentence again with the correct direct object pronoun and in the present progressive.

Ejemplo: Compro unas botas. ➔ Las estoy comprando.

1) Mi madre compra el uniforme para el colegio. ➔ _____

2) Miro esas lindas zapatillas en la vidriera. ➔ _____

3) Agustina se pone la falda rosa. ➔ _____

4) Francisco y Gonzalo hacen sombreros. ➔ _____

5) Compramos bikinis nuevas para el verano. ➔ _____

6) Secas las botas porque están mojadas. ➔ _____

7) Ella luce un vestido nuevo precioso. ➔ _____

8) Me pongo el delantal para trabajar en la cocina. ➜ _____

9) Ustedes compran trajes para la fiesta. ➜ _____

10) En el desfile miras las chaquetas. ➜ _____

 ## Ejercicio 3/Exercise 3

Escribe un cuento corto usando al menos 15 palabras de ropa./Write a short story using at least 15 clothing words.

_____

_____

_____

_____

_____

_____

SECCIÓN 2/SECTION 2

1.2 Lectura/Reading

En El Hotel

La pareja Pérez pasa las vacaciones en Cancún. Está en un hotel. En la recepción son recibidos por la recepcionista, ella lleva una hermosa chaqueta azul, con dos botones al frente, falda hasta la rodilla y unos zapatos de taco fabulosos.

La recepcionista los saluda y les da la bienvenida. El señor Pérez se presenta y le dice que tienen una reserva para una habitación. También le pide si puede ayudarlo, ya que en el avión, durante una turbulencia, se le cayó el café sobre su camisa blanca, y necesita limpiarla urgentemente. La recepcionista le pide la camisa y le da una bata para que pueda vestir mientras tanto.

Ahora sí, ellos pueden seguir registrándose.

Recepcionista: ¿Cuál es su nombre?

Señor: Joaquín Pérez.

Recepcionista: Un momento, por favor. Mmm…Usted tiene una reserva por una habitación individual.

Señor Pérez: No, señorita. Yo tengo la reserva por una habitación doble.

Recepcionista: Ah, cierto, una habitación doble. Por favor llene este formulario de registro:

apellido, nombre, dirección y firma.

Señor Pérez: ...Aquí tiene.

Recepcionista: Esta es la llave de su habitación. Tienen el número de habitación 503. La habitación se encuentra en la quinta planta. El ascensor está aquí mismo, junto a la recepción. Pero pueden entrar a su habitación en 20 minutos; la señora de la limpieza está aún limpiándola.

Señor Pérez: De acuerdo. Mientras esperamos vamos a ir a tomar un café. ¡Espero no manchar nada otra vez! ¿Hay por aquí cerca alguna cafetería?

Recepcionista: Sí, hay un café a la vuelta de la esquina.

Señor Pérez: ¿Podemos dejar aquí nuestras maletas?

Recepcionista: Por supuesto.

Señor Pérez: Gracias, hasta luego.

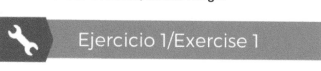

Ejercicio 1/Exercise 1

Preguntas de Comprensión/Comprehension Questions

1) ¿Qué ropa lleva la recepcionista?

_____

_____

2) ¿Qué le pasó al señor Pérez en el avión?

_____

_____

3) ¿Qué mal entendido hay con la habitación?

_____

_____

4) ¿Qué habitación tienen y cuándo pueden usarla?

_____

_____

5) Fíjate con atención y marca los momentos en los que se usan pronombres de objeto directo e indirecto.

_____

_____

SECCIÓN 3/SECTION 3

 ## 1.3 Gramática/Grammar

Los Verbos Reflexivos/Reflexive Verbs

A verb is reflexive when the subject and the object are the same.
I wash myself.

Subject: I
Verb: wash
Object: myself
Since the subject and object are the same, the verb is reflexive.

In English, the object of a reflexive verb can be: myself, yourself, himself, herself, itself, ourselves, themselves. In Spanish, reflexive verbs require reflexive pronouns. In Spanish, a verb is reflexive as long as the action is going back to the actor.
"I brush my teeth," "You take a shower," and "We wash our hair" are all examples that requires reflexive pronouns. These are the pronouns:

me (myself)
te (yourself)
se (himself, herself, yourself (Ud.))
nos (ourselves)
os (yourselves)
se (themselves, yourselves (Uds.))

The reflexive pronouns follow the same rules as direct and indirect object pronouns:
If there is one conjugated verb in the clause, the pronoun precedes the verb.
Me lavo (I wash myself)

If there are two verbs, an infinitive, or gerunds in the clause, the pronoun can go before the verb or attached directly to the second verb. Let's see both examples:
Me estoy lavando (I'm washing myself)
Estoy lavándo*me* (I'm washing myself)

When a verb is reflexive, the infinitive ends in "se." So, for example, "to wash oneself" would be "lavarse." These are some of the most common reflexive verbs:
LAVARSE (to wash oneself) - VESTIRSE (to get dressed) - BAÑARSE (to bathe) - DUCHARSE (to take a shower) - PEINARSE (to comb) - CEPILLARSE (to brush) - PONERSE (to put on (clothing), to get, to become (an emotion)) - MIRARSE (to look at oneself) - MAQUILLARSE (to put on make up) - LLAMARSE (to call oneself) - SENTARSE (to sit down) - SENTIRSE (to feel) - ACOSTARSE (to go to bed) - AFEITARSE (to shave) - CASARSE (to get married) - DESPERTARSE (to wake up) - DESVESTIRSE (to undress) - DORMIRSE (to fall asleep) - ENFERMARSE (to get sick) - ENOJARSE (to get mad)- IRSE - (to leave) - LEVANTARSE (to get up, to stand up) - PREOCUPARSE (to worry) - PROBARSE (to try on) - QUITARSE (to take off) - SACARSE (to remove) - SECARSE (to dry) - ROMPERSE (to break) - TORCERSE (to twist)

Let's conjugate one reflexive verb in the present: Lavarse
Yo *me* lavo - Tú *te* lavas - Ella *se* lava - Nosotros *nos* lavamos - Vosotros *os* laváis - Ustedes *se* lavan

Ejercicio 1/Exercise 1

Escribe los verbos siguientes en su forma reflexiva y en presente./Write the following verbs in their reflexive form and in the present tense.

1) Siempre (dormirse/yo) _____ mirando la televisión.

2) Esa chica rubia (llamarse) _____ Claudia.

3) En la escuela (vestirse/nosotras) _____ con faldas azules.

4) Tengo que (irse) _____ antes de las cuatro de la tarde.

5) Ellos (casarse) _____ este sábado por la noche.

6) (Secarse/tú) _____ el pelo luego de (ducharse) _____.

7) Los viernes (acostarse/yo) _____ tarde.

Ejercicio 2/Exercise 2

Traduce a español, teniendo cuidado con los pronombres reflexivos./Translate to Spanish, being careful with the reflexive pronouns.

1) He shaves every morning after taking a shower: _____

2) The kids wake up at 8 am: _____

3) You go to bed early at night: _____

4) I worry about the future of our world: _____

5) She gets dressed to go to work: _____

6) I call myself Gustavo: _____

7) We fall asleep at the same time: _____

8) He takes off his coat: _____

9) They get sick every winter: _____

10) I brush my teeth and comb my hair: _____

11) Mercedes looks at herself in the mirror: _____

Ejercicio 3/Exercise 3

Elige los verbos reflexivos./Choose the reflexive verbs.

1) A) Caminar   B) Bailar   C) Bañarse   D) Lavarse

2) A) Hablar   B) Afeitarse   C) Recordar   D) Tener

3) A) Casarse   B) Pensar   C) Cocinar   D) Dormirse

4) A) Dormir   B) Acordarse   C) Acercarse   D) Creer

5) A) Ir   B) Irse   C) Preocuparse   D) Dar

6) A) Enamorarse   B) Crear   C) Esconder   D) Sentarse

Ejercicio 4/Exercise 4

Conjuga los verbos reflexivos en la manera correcta./Conjugate the reflexive verbs in the correct way.

1) Yo _____ (ducharse)

2) Tú _____ (levantarse)

3) Él _____ (concentrarse)

4) Nosotros _____ (acostarse)

5) Vosotras _____ (lavarse)

6) Ellos _____ (quedarse)

7) Ustedes _____ (sentirse)

8) Tú _____ (irse)

9) Él _____ (enamorarse)

10) Usted _____ (dormirse)

11) Nosotros _____ (concentrarse)

12) Ella _____ (casarse)

13) Ellas _____ (atreverse)

14) Ella _____ (alejarse)

15) Vosotros _____ (afeitarse)

Ejercicio 5/Exercise 5

Describe tu rutina diaria usando al menos 15 pronombre reflexivos./Describe your daily routine, using at least 15 reflexive verbs.

_____

_____

_____

_____

_____

_____

1.4 Gramática/Grammar

Comparativos y Superlativos/Comparisons and Superlatives

Comparative forms are used to compare two or more things. They can be comparatives of inequality (desigualdad) or equality (igualdad).

- Superioridad: *más + adjetivo/adverbio/sustantivo + que*
Soy **más rápida que** Clara. (I'm **faster than** Claire.)
verbo + más + que:
Yo **hablo más que** ella. (I **speak more than** her.)
- Inferioridad: *menos + adjetivo/adverbio/sustantivo + que*
Soy **menos rápida que** María. (I'm **slower than** Mary.)
verbo + menos + que
Yo **hablo menos que** él. (I **speak less than** him.)
- Igualdad: *tan + adjetivo/adverbio/sustantivo + como*
Soy **tan rápida como** Sofía. (I'm **as fast as** Sophia.)
To use a noun or verb instead of an adjective, use *Tanto/a + sustantivo + como*.
Remember tanto has to agree with feminine or masculine, and singular or plural.
Gloria tiene **tanto dinero como** Marcos. (Gloria has **as much money as** Mark.)
Laura se queja **tanto como** Pablo. (Laura complains **as much as** Pablo.)

> We can also use a verb + *tanto* (without adding "como") to express "so much." For example: ¡*Ella se tropieza tanto!* (She trips so much!)

Superlative forms can be "superlativo relativo" or "superlativo absoluto."

- *Superlativo Relativo:* This is the most extreme degree of the adjective. It is constructed with *el / la / los / las + más or menos*. The ending of the adjective will also depend on the noun it accompanies.
Juan es **el** chico **más** inteligente de la clase. (John is **the** smart**est** boy in the class.)
Josefina es **la menos** irritante del grupo. (Josephine is **the least** irritating in the group.)
- *Superlativo Absoluto:* It describes the noun in isolation, without comparing it with anything or anyone else. There are 3 ways to structure this:
muy + adjetivo = María es **muy** hermosa. (María is **very** beautiful.)
sumamente + adjetivo = Sebastian es **sumamente** inteligente. (Sebastian is **extremely** intelligent.)
adjetivo + ísimo (-a, -os, -as) = El examen es **facilísimo**. (The exam is **very very easy**.)

In this last one, there are certain spelling exceptions:
largo   larguísimo
rico   riquísimo
fuerte   fuertísimo

antiguo	antiquísimo
pobre	pobrísimo
joven	jovencísimo

+ Some adjectives have irregular comparative forms:

Positivo — Comparativo — Superlativo

bueno	mejor	el mejor
malo	peor	el peor
poco	menos	-
mucho	más	-
grande	mayor	el mayor
pequeño	menor	el menor

 Ejercicio 1/Exercise 1

Elige la forma correcta./Choose the correct form.

1) Rebeca es _____ (tan alta / más alta / la más alta) como su hermana.

2) ¿Cuál es el lugar _____ (tan caliente / más caliente / caliente de) de la tierra?

3) ¿Es el monte Everest un lugar _____ (tan frío / más frío / frío) como el polo norte?

4) Ella es _____ (tan inteligente / más inteligente / la más inteligente) que sus padres.

5) Ella es _____ (tan baja / más baja / la más baja) de su clase.

6) José y Carlos son _____ (tan altos / los más altos / menos altos) de la clase.

7) La fresa es _____ (menos dulce / más dulce / tan dulce) que la naranja.

8) Mi calle es_____ (más ancho / más ancha / tan ancho) que la tuya.

9) Esta tarta es _____ (más buena / la mejor / tan buena) de nuestro menú.

10) La charla de hoy fue _____ (la más mala / la peor / más peor) de todas.

Ejercicio 2/Exercise 2

Escribe las comparaciones basadas en las palabras dadas, haciendo cualquier cambio necesario. NO CAMBIES el orden de las palabras./Write comparisons based on the words given, making any necessary changes. DO NOT CHANGE the order of the words.

(+) means more than. (-) means less than. (=) means as / as much / as many

1) El invierno / es / frío / el verano (+) → _____

2) Silvia / tiene / zapatos / Adriana (-) → _____

3) Eres / inteligente / ella (=) → _____

4) Ricardo / baila / Felipe (+) → _____

5) Nuestro profesor / tiene / dinero / Bill Gates (-) → _____

6) Juego / al fútbol / bien / Javier (=) → _____

7) Marta / es / perezosa / Victoria (=) → _____

8) La Ciudad de México / grande / Buenos Aires (+) → _____

Ejercicio 3/Exercise 3

Escribe una comparación para completar la frase./Write a comparison to complete the sentence.

1) Un elefante es grande. Una rana es pequeña.

Un elefante es _____ grande _____ una rana.

2) Lady Gaga canta bien y Madonna canta bien.

Lady Gaga canta _____ _____ _____ Madonna.

3) Lucía usa muchos maquillajes. Ana usa muchos maquillajes también.

Lucía usa _____ maquillajes _____ Ana.

4) Hay 107 calorías en un mango. Hay 309 calorías en un aguacate.

Hay _____ calorías en un aguacate _____ en un mango.

5) Mi bebé llora mucho. Tu bebé llora mucho también.

Mi bebé llora _____ _____ tu bebé.

6) Joaquín tiene cuarenta años. Su esposa tiene veintinueve años.

Joaquín es _____ _____ su esposa.

7) En la clase tú escuchas atentamente, pero José duerme.

Tú escuchas _____ _____ _____ José.

8) Carmen baila tango bien. Sus amigos lo bailan bastante mal.

Carmen baila tango _____ _____ sus amigos.

9) Tú tienes mucha hambre. Yo tengo mucha hambre.

Tú tienes _____ hambre _____ yo.

10) Para mí el brócoli sabe mal y el maíz sabe bien.

Para mí el brócoli sabe _____ _____ el maíz.

11) Mi abuelo nació en 1925. Mis tíos nacieron en 1930.

Mis tíos son _____ _____ mi abuelo.

12) Me divierto mucho en la playa. Mis amigos lo pasan bien también.

Me divierto _____ _____ _____ mis amigos.

Ejercicio 4/Exercise 4

Traduce las frases a español con el superlativo correcto./Translate the sentences to Spanish with the correct superlative.

1) Emilio is the tallest boy in the school.

_____

2) Apples are the tastiest fruits in the world.

_____

3) This house is the prettiest of all.

_____

4) This hotel is very very elegant.

_____

5) Mr. Gómez is the most important man in the city.

_____

6) Sugar is the most important product of Cuba.

_____

7) María is the nicest girl.

_____

8) Juan is the least hardworking of all.

_____

9) The kitchen is the largest room in the house.

_____

10) "Mate" is the most popular beverage of Argentina.

_____

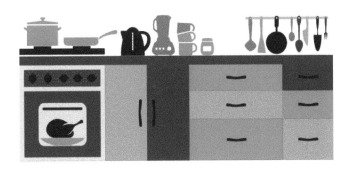

1.5 Gramática/Grammar

Las Palabras Negativas/Negative Words

We know already that to make a sentence negative, we have to place the word "no" before the verb.
Ella *no habla* inglés. (She doesn't speak English.)

When the answer to a question is negative, two negative words are required.
¿Hablas español? (Do you speak Spanish?)
No, no hablo español. (No, I don't speak Spanish.)

We have here a list of common affirmative words and their negative counterparts:
Algo (something) - Nada (nothing)
Alguien (somebody) - Nadie (nobody/no one)
Algún, Alguna/s, Alguno/s (some) - Ningún, Ninguna/as, Ninguno/os (none)
Siempre (always) - Nunca (never)
También (also) - Tampoco (neither)
Todavía (still) - Ya no (not anymore)
O.....o (either...or) - Ni...... ni (neither...nor)

- The negative words can be used alone, preceding the verb.
Nadie come. (Nobody eats.)
Camila **tampoco** quiere comer. (Camila doesn't want to eat either.)

- The negative words can also be used with the word "no," following the verb. Note that unlike English, double negatives are acceptable, and often required, in Spanish.
No habla **nadie**. (Nobody speaks.)
Camila **no** come **nunca**. (Camila never eats.)

- Sometimes, 3 or 4 negative words occur in the same sentence.
Ella **no** compra **nunca nada**. (She never buys anything.)
Ella **no** ve **nunca** a **nadie tampoco**. (She never sees anybody either.)

- Spanish doesn't mix negative and affirmative words:
Maria doesn't need anything. (NOT Maria doesn't need nothing.)
María no necesita nada. (NOT María no necesita algo.)

Alguno and ninguno drop the -o before a masculine singular noun.
¿Tienen **algún** pantalón? (Do you all have any pants?)
No, no tenemos **ningún** pantalón. (No, we don't have any pants.)

Ninguno(-a) is generally used in the singular.
¿Tienes algunos libros? (Do you have some books?)
No, no tengo **ninguno**. (No, I don't have any.)

Ejercicio 1/Exercise 1

Elige la forma negativa./Choose the negative form.

1) Hablas demasiado raro, no comprendo _____ (nada / nadie / ningún).

2) No hay _____ (nadie / ningún / nunca / tampoco) en la fiesta.

3) ¿Qué piensas de esta camisa? - No me gusta _____ (nada / nadie / ningún).

4) _____ (nada / nadie / ningún / nunca) tiene ganas de ir al trabajo.

5) No quiero ir a la fiesta. - Yo _____ (nada / nadie / ningún / tampoco) quiero ir a la fiesta.

Ejercicio 2/Exercise 2

Transforma las siguientes frases afirmativas en negativas, cambiando las palabras en negrita./Transform the following affirmative phrases into negative, changing the bold words.

*Example: Hay **alguien** en la casa. → No hay nadie en la casa.*

1) Sara baila y canta **muy bien**. → _____

2) El árbol **todavía** tiene hojas. → _____

3) El hombre de seguridad está **siempre** vigilando. → _____

4) Tengo **una amiga**. → _____

5) Hay **algo** de carne en el supermercado. → _____

6) Veo a **alguien** en la casa. → _____

Ejercicio 3/Exercise 3

Escribe al menos 6 frases negativas, usando dos, tres y cuatro negaciones./Write at least 6 negative sentences, using two, three and four negations.

_____

_____

_____

_____

_____

_____

SECCIÓN 4/SECTION 4

 1.6 Rola Respuesta Rápida

Rola Respuesta Rápida/Rola Rapid Response

In this section, you will work on putting the things that you have learned together.

 Ejercicio 1/Exercise 1

Traduce a español usando el verbo "traer."/Translate to Spanish using the verb "traer."

¿Qué traes?/What do you bring?

Yo	Traigo	La comida	*The food*
Tú	Traes	Los vinos	*The wines*
Él, Ella, Usted	Trae	La música	*The music*
Nosotros, Nosotras	Traemos	Las revistas	*The magazines*
Vosotros, Vosotras	Traéis	Las flores	*The flowers*
Ellos, Ellas, Ustedes	Traen	El postre	*The dessert*

1) I bring the food. _____

2) You don't bring wines, you bring dessert. _____

3) She brings the magazines. _____

4) They all are not bringing the music. _____

5) You (formal) bring flowers. _____

6) He brings the wines. _____

7) We bring music. _____

8) I don't bring magazines. _____

9) They bring food. _____

10) I bring dessert. _____

 Ejercicio 2/Exercise 2

Traduce a español usando el verbo "caerse" en reflexivo./Translate to Spanish using the verb "caerse" in reflexive.

¿De dónde te caes?/Where do you fall from?

Yo	Me caigo	De la cama	*From the bed*
Tú	Te caes	De la mesa	*From the table*
Él, Ella, Usted	Se cae	De la silla	*From the chair*
Nosotros, Nosotras	Nos caemos	En la ducha	*In the shower*
Vosotros, Vosotras	Os caéis	En el piso	*On the floor*
Ellos, Ellas, Ustedes	Se caen	Del escenario	*From the stage*

1) I fall from the bed. _____

2) You don't fall from the table. _____

3) She falls from the chair. _____

4) They fall from the stage. _____

5) You all never fall on the floor. _____

6) He falls off the chair. _____

7) We fall from the stage. _____

8) I fall in the shower. _____

9) They fall from the bed. _____

10) I fall on the floor. _____

Ejercicio 3/Exercise 3

Traduce a español usando el verbo "ponerse" en reflexivo./Translate to Spanish using the verb "ponerse" in reflexive.

¿Qué te pones?/What do you put on (wear)?

Yo	Me pongo	El traje	*The suit*
Tú	Te pones	La falda	*The skirt*
Él, Ella, Usted	Se pone	El camisón	*The nightgown*
Nosotros, Nosotras	Nos ponemos	El sombrero	*The hat*
Vosotros, Vosotras	Os ponéis	La bota	*The boot*
Ellos, Ellas, Ustedes	Se ponen	El pantalón	*The pants*

1) I wear the suit. _____

2) You wear the skirt. _____

3) She wears the nightgown. _____

4) They don't wear hats. _____

5) You all (Spain, masculine) wear boots. _____

6) He wears pants. _____

7) We wear suits. _____

8) I wear the hat. _____

9) They wear pants. _____

10) I wear the skirt. _____

Ejercicio 4/Exercise 4

Describe lo que la persona está vistiendo en la fotografía./Describe what the person is wearing based on the picture.

1) _____

_____

_____

_____

_____

2) _____

_____

_____

_____

_____

3) _____

_____

_____

_____

_____

4) _____

_____

_____

_____

_____

CAPÍTULO 2

SECCIÓN 1/SECTION 1

 2.1 Vocabulario/Vocabulary

Las Tareas Del Hogar/Household Chores

Aspirar	To vacuum
Barrer	To sweep
Cocinar	To cook
Cortar el césped	To mow the lawn
Coser	To sew
Cuidar a los niños	To take care of the children
Dar de comer a (la mascota)	To feed (the pet)
Fregar	To scrub
Hacer la cama	To make the bed
Hacer la compra	To do the shopping
Hacer la limpieza	To do the cleaning
Lavar	To wash
Lavar la ropa	To do laundry
Limpiar	To clean
Ordenar	To tidy
Pasear al perro	To walk the dog
Planchar	To iron
Poner la mesa	To set the table
Preparar	To prepare
Reparar, arreglar	To repair, to fix
Sacar la basura	To take out the trash
Quitar la mesa	To clear the table
Tender la ropa	To hang up the laundry (to dry)
El cubo de basura	Trash can
Servir	To serve

Ejercicio 1/Exercise 1

Relate verbs or actions with the correct vocabulary./Relaciona los verbos o las acciones con el vocabulario correcto.

1) Barrer

2) Pasear

3) Aspirar

4) Fregar

5) Lavar

6) Planchar

7) Preparar

8) Sacar

9) Hacer

10) Limpiar

a) los platos (dishes)

b) la tarea (homework)

c) el piso

d) las camisas

e) el baño (bathroom)

f) al perro

g) la cena (dinner)

h) la basura (trash)

i) la ropa

j) la alfombra (carpet)

 Ejercicio 2/Exercise 2

Contesta las preguntas: ¿Qué tareas domésticas odias o no te gustan demasiado? ¿Cuáles prefieres hacer? ¿Se te ocurre alguna otra tarea doméstica que no esté en la lista?/Answer the questions: Which household chores do you hate or do not like too much? Which ones do you prefer to do? Can you think of any other domestic task that is not on the list?

Here are more vocabulary words: Aspiradora (Vacuum cleaner) - Cepillo (Brush) - Escoba (Broom) - Fregona (Mop) - Guantes de goma (Rubber gloves) - Lavaplatos (Dishwasher) - Lavarropas (Washing machine) - Plancha (Iron) - Productos de limpieza (Cleaning products) - Polvo (Dust) - Secadora (Dryer) - Tabla de planchar (Ironing board) - Trapo de cocina (Kitchen rag)

_____
_____
_____
_____
_____
_____
_____
_____
_____

SECCIÓN 2/SECTION 2

2.2 Lectura/Reading

El Que No Hace Tareas

Hugo no quiere hacer la cama. Tampoco quiere ordenar su ropa, ni sus juguetes, ni ayudar a poner y quitar la mesa. Su madre le dice todos los días que tiene que hacer las tareas domésticas, como todos.

- Aquí todos hacemos todo por igual - dice su madre.

- ¿Papá también?

- ¡Por supuesto! Yo no soy la única que vive en esta casa. Es de todos, así que todos colaboramos. Entonces los dos pueden con todo.

La madre entonces tiene que hacer varias cosas del hogar más todas las tareas que Hugo no quiere y se niega a hacer. Lleva tal ritmo de trabajo dentro y fuera de casa que un día no puede más, cae enferma de cansancio y se tiene que quedar en cama.

Fueron muchos días con la mamá de Hugo descansando y durmiendo. El padre no consigue hacer todo sin ayuda de Hugo y de su esposa. Entonces la casa se empieza a llenar de suciedad. La cama de Hugo tiene las sábanas arrugadas y sucias. En pocos días se quedan sin ropa limpia.

- Tendremos que organizarnos con la casa - dice el papá de Hugo a su hijo - No podemos seguir así. Vas a tener que ayudarme sí o sí, es tu obligación también.

Así es como a Hugo no le queda más remedio que hacer su cama, recoger su ropa y sus juguetes y limpiar su habitación. Su papá cocina sin parar para todos, da de comer al perro, lava y plancha la ropa, limpia los pisos y hace la cama.

Cuando la madre de Hugo vuelve a estar bien, todos sienten mucha alegría.

- ¡Qué bueno que estás bien! ¡Te extrañabamos! - dicen padre e hijo.

- Parece que al final pueden organizarse sin mí - dice ella muy contenta.

Desde entonces, los tres se reparten las tareas domésticas, y la mamá de Hugo no se enferma más de cansancio. Además, les queda tiempo para hacer un montón de cosas divertidas todos juntos.

Ejercicio 1/Exercise 1

Preguntas de Comprensión/Comprehension Questions

1) ¿Qué es lo que Hugo no quiere hacer?

_____

_____

2) ¿Qué pasa con la madre y por qué?

_____

_____

3) ¿Qué hace el hijo entonces?

_____

_____

4) ¿Qué tareas hace el padre?

_____

_____

5) ¿Cómo termina la historia?

_____

_____

SECCIÓN 3/SECTION 3

 2.3 Gramática/Grammar

Los Pronombres Posesivos/Possessive Pronouns

Let's review first the difference between an adjective and a pronoun:
Adjective — describes a noun. Pronoun — takes the place of a noun

Look at the following sentences:
One has an adjective, while the other has a pronoun.
My bed is big. (adjective, describes bed)
Yours is small. (pronoun, takes the place of noun - bed)

Remember that in Spanish, the *possessive adjectives* are:
Mi(s) - Tu(s) - Su(s) - Nuestro(-a,-os,-as) - Vuestro(-a,-os,-as) - Su(s).
They always go before the noun.
The job of a possessive pronoun is to show who owns a noun (something) and also take the place of that noun.

The *possessive pronouns go after a noun or* they can be used **with the definite article.**
El libro es **mío.** = The book is *mine.* (after the noun)
Es el **mío.** = It's *mine.* (takes place of the noun, and is used with the article)

Remember that the possessive pronouns always have to agree in gender and number with the thing being possessed:

	singular	plural
1st person singular	mío/a (mine)	míos/as
2nd person singular	tuyo/a (yours)	tuyos/as
3rd person singular	suyo/a (his/hers/its)	suyos/as
1st person plural	nuestro/-a (ours)	nuestros/-as
2nd person plural	vuestro/-a (yours)	vuestros/-as
3rd person plural	suyo/a (theirs)	suyos/as

"Suyo/a" can also mean "yours" when addressing someone with usted, and "you all's" when addressing a group with ustedes.

Example:
Este sombrero es *mío*. (This hat is mine.)
Ese sombrero es *suyo*. (That hat is hers.)
Los perros son *nuestros*. (The dogs are ours.)
La gata no es *nuestra*. (The cat isn't ours.)
Mira, tú tienes tu casa y yo tengo la *mía*. (Look, you have your house, and I have mine.)
Ya sé que Clara y Miguel son muy simpáticos. Son amigos *tuyos*. (I already know Clara and Miguel are really nice. They are friends of yours.)

 ## Ejercicio 1/Exercise 1

Elige el pronombre posesivo correcto./Choose the correct possessive pronoun.

1) ¿En qué trabaja su esposo? - El _____ (mío/mía/tuyo) es ingeniero civil.

2) ¿Dónde está su tienda? - La _____ (mía/tuya) está en el centro.

3) ¿Cómo están los padres de Camila? - Los _____ (míos/suyos/tuyos) están bien.

4) ¿Cuántos años tiene la hermana de Raquel? - La _____ (tuya/suya) tiene treinta y cinco años.

5) ¿Dónde están nuestros vecinos? - Los _____(nuestros/nuestras) están en sus casas.

6) ¿Cuándo abren los niños sus regalos? - Ellos abren los _____ (mío/tuyos/suyos) mañana.

7) ¿Necesitan ustedes nuestros apuntes? - Sí, necesitamos los _____ (tuyos/tuyas/suyos).

 ## Ejercicio 2/Exercise 2

Traduce las siguientes frases a español./Translate the following sentences to Spanish.

1) I don't like those boots of yours.

_____

2) No! Stop! Police! That car is ours.

_____

3) The laundry my father is doing is mine.

_____

4) This country of yours (you all) is amazing.

_____

5) The best ideas for this project are hers.

_____

6) I remember these books are yours, Claudio.

_____

7) Those T-shirts in the washing machine are yours (you all, Spain, masculine).

_____

8) The keys you are looking for are mine.

_____

9) The red umbrellas are ours.

_____

10) The iron above the kitchen table is his.

_____

Ejercicio 3/Exercise 3

Escribe lo correcto (adjetivo o pronombre) en cada caso./Write the correct thing (adjective or pronoun) in each case.

Ejemplo: Ellos tienen un apartamento. Es su apartamento. El apartamento es suyo.

1) Juan tiene una mochila. Es _____ mochila. La mochila es _____.

2) Yo tengo una hija de 3 años. Es _____ hija. La hija es _____.

3) Diego tiene un amigo en Buenos Aires, que se llama Marcos. Marcos es _____ amigo. Marcos es amigo _____.

4) Tienes dos pajaritos. Son _____ pajaritos. Los pajaritos son _____.

5) Tenéis unas amigas. Son _____ amigas. Las amigas son _____.

6) Tenemos un cuaderno azul. Es _____ cuaderno. El cuaderno es _____.

7) Carolina habla con un hermano. Es _____ hermano. El hermano es _____.

8) Juan, Damián y yo hacemos ejercicios. Son _____ ejercicios. Los ejercicios son ____.

9) Mis amigos tienen tres sobrinos, son _____ sobrinos. Los sobrinos son _____.

10) Tenéis libros en español. Son _____ libros. Los libros son _____.

Ejercicio 4/Exercise 4

Traduce las frases a español, reemplazando con adjetivos y pronombres posesivos donde posible./Translate the following sentences to Spanish, replacing with possessive adjectives and pronouns where possible.

Example:
This is Erica's dog. → Este es el perro de Erica. / Este es su perro. / Este perro es suyo.

1) Luis has a big living room. → _____

2) I have a new pink bike. → _____

3) You have a really, really small apartment. → _____

4) The Lopezes have a big dog. → _____

5) Those are our interesting books. → _____

6) That is your (formal) fancy car. → _____

7) You have such nice parents. → _____

8) You all (Spain, masculine) have adorable kids. → _____

9) We have very sunny bedrooms. → _____

10) That over there is John's house. → _____

Ejercicio 5/Exercise 5

Llena los espacios con los pronombres y adjetivos posesivos correctos./Fill the spaces with the correct possessive pronouns and adjectives.

Mi familia y yo estamos en Acapulco. Aunque el hotel es lujoso, 1) _____ (de nosotros) habitaciones son sencillas. 2) _____ (de nosotros) padres tienen una habitación pequeña, pero la cama 3) _____ (de ellos) es bastante grande. 4) _____ (de mí) hermanos y yo nos quedamos en otra habitación. 5) _____ (de nosotros) cuarto es amplio y el baño es más cómodo que el 6) _____ (de mis padres). 7) _____ (de mí) cama es la mejor porque está cerca de la ventana. En general, 8) _____ (de nosotros) vista es mejor que la de 9) _____ (de nosotros) padres. Es cierto que se escucha música muy fuerte a través de 10) _____ (de nosotros) paredes y nos molesta un poco tanto ruido. 11) _____ (de nosotros) padres tienen más suerte. Los vecinos 12) _____ (de ellos) son más tranquilos que los 13)_____ (de nosotros).

2.4 Vocabulario/Vocabulary

La Cocina y El Comedor/Kitchen and Dining Room

La cocina	*Kitchen*
El comedor	*Dining room*
La mesa	*Table*
Los muebles	*Furniture*
La silla	*Chair*
Los cubiertos	*Silverware*
La cuchara	*Spoon*
La cucharilla	*Teaspoon*
El cucharón	*Tablespoon*
El cuchillo	*Knife*
El tenedor	*Fork*
La taza, el vaso	*Cup, glass cup*
El tazón	*Mug*
El bol, el tazón	*Bowl*
La botella	*Bottle*
La nevera, la heladera	*Fridge*
El congelador	*Freezer*
El horno	*Oven*
El microondas	*Microwave*
El fregadero	*Sink*
La batidora	*Mixer*
La tostadora	*Toaster*
La olla	*Pot*
El/la sartén	*Frying pan*
Hornear	*To bake*
Freír	*To fry*
Hervir	*To boil*
Picar	*To chop*
Batir	*To blend, beat*
Mezclar	*To mix*
Medir	*To measure*
Quemar	*To burn*

Sartén can be either masculine or feminine.

Ejercicio 1/Exercise 1

Escribe el nombre para cada imagen./Write the name for each image.

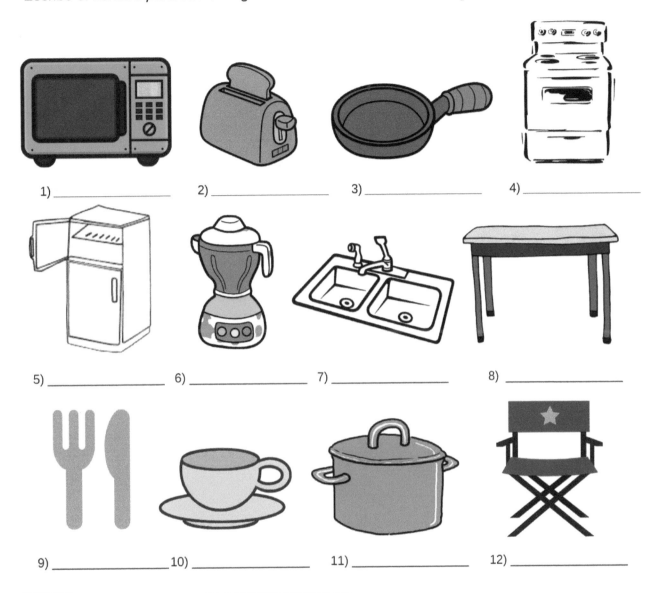

1) _____

2) _____

3) _____

4) _____

5) _____

6) _____

7) _____

8) _____

9) _____

10) _____

11) _____

12) _____

Ejercicio 2/Exercise 2

Relaciona cada frase con un verbo./Match each sentence with a verb.

1) Freír

2) Batir

3) Pelar

4) Hervir

5) Picar

6) Mezclar

a) Las verduras con mucha agua en una olla

b) Todas las cosas juntas en un bol

c) El pescado, las patatas y la cebolla

d) El pollo en la sartén

e) Los huevos para hacer tortilla

f) Las manzanas para la tarta de manzana

Ejercicio 3/Exercise 3

Escribe una descripción de las cosas que te gusta hacer y lo que siempre haces en la cocina usando al menos 15 palabras del vocabulario./Write a description of the things you like doing and the things you always do in the kitchen using at least 15 words in the vocabulary.

_____

_____

_____

_____

_____

_____

_____

_____

_____

_____

Ejercicio 4/Exercise 4

Escribe una receta de una comida que quieres, usando los verbos y sustantivos en el vocabulario de cocina./Write a recipe of a meal you want, using the verbs and nouns in the kitchen vocabulary.

_____

_____

_____

_____

_____

_____

SECCIÓN 5/SECTION 5

 2.5 Gramática/Grammar

Las Expresiones de Futuro/Future Expressions

The grammar we have learned until now to express future is called the near future.
Let's do a little review:
IR (present) + a + infinitive = Ej. **Voy a comer** pasta. (I **am going to eat** pasta.)
In the next chapter, we are going to learn the future simple.

Mañana - Tomorrow
Mañana temprano - Early tomorrow
Mañana por la tarde - Tomorrow afternoon
Mañana por la noche - Tomorrow night
Hoy por la tarde - This afternoon
Hoy por la noche - Tonight
A medianoche - At midnight
Al mediodía - At noon
Por la noche - At night

Por la tarde - In the afternoon
La semana que viene - Next week
El mes que viene - Next month
El año que viene - Next year
En una semana - In a week
En unos días - In a few days
La próxima semana - Next week
El próximo mes - Next month
El próximo año - Next year

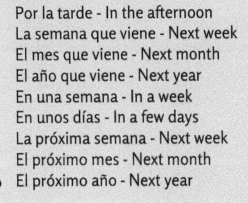

 Ejercicio 1/Exercise 1

Escribe 10 frases usando estas expresiones de tiempo en el futuro próximo para describir lo que vas a hacer./Write 10 sentences using these time expressions in the near future to describe what you are going to do.

_____
_____
_____
_____
_____
_____
_____
_____
_____
_____

2.6 Gramática/Grammar

Los Adjetivos Que Cambian Con Su Colocación/Adjectives That Change With Their Placement

As we have already learned, adjectives generally follow the noun they describe (ej. Una chaqueta blanca).

However, there is a select group of adjectives that can change meaning depending on their placement before or after the noun.

While there may still be some flexibility in their usage, here are guidelines for the most frequently used adjectives in this category:

Adjective	Meaning: Before The Noun	Meaning: After The Noun
Viejo/vieja	Old (longterm) • Ejemplo: una vieja amiga	Old (age) • Ej. un coche viejo
Antiguo/antigua	Old (style) • Ej. una antigua casa	Old (antique) • Ej. una mesa antigua
Grande	Great • Ej. un gran líder	Big • Ej. una escuela grande
Medio/media	Half • Ej. tu media naranja	Average (size) • Ej. una manzana media
Mismo/misma	Same • Ej. el mismo hombre	Themself • Ej. el presidente mismo
Nuevo/nueva	New (recently released) • Ej. el nuevo producto	New (length of ownership) • Ej. mi vestido nuevo
Pobre	Unfortunate (pitiable) • Ej. la pobre profesora	Poor (wealth) • Ej. el muchacho pobre
Propio/propia	Own (possessive) • Ej. sus propias manos	Appropriate • Ej. el comportamiento propio
Solo/sola	Only one • Ej. la sola mujer del grupo	Lonely • Ej. el abuelo solo
Único/única	Only • Ej. la única razón	Unique • Ej. la pintura única
Valiente	Great (often ironic) • Ej. una valiente persona	Brave • Ej. un soldado valiente
Triste	Terrible • Ej. una triste reunión	Sad • Ej. una película triste

Ejercicio 1/Exercise 1

Elige la frase que es sinónimo del ejemplo./Choose the sentence that is synonymous to the example.

1) La mujer que tiene 80 años se sienta lentamente.

   A) La vieja mujer se sienta lentamente. B) La mujer vieja se sienta lentamente.

2) Es un restaurante buenísimo.

   A) Es un gran restaurante. B) Es un restaurante grande.

3) El chico diferente salta en la mesa.

   A) El único chico salta en la mesa. B) El chico único salta en la mesa.

4) Nosotros nos quejamos sobre la película mala.

   A) Nosotros nos quejamos sobre la triste película. B) Nosotros nos quejamos sobre la película triste.

5) Es un libro sobre un héroe.

   A) Es un libro sobre un valiente hombre. B) Es un libro sobre un hombre valiente.

6) ¿Puedes dividir este pastel en dos y darme un trozo?

   A) ¿Puedes darme tu medio pastel? B) ¿Puedes darme tu pastel medio?

7) La chica sin mucho dinero tiene muchos amigos.

   A) La pobre chica tiene muchos amigos. B) La chica pobre tiene muchos amigos.

8) La escuela es vacía.

   A) No hay ni un solo estudiante en la escuela. B) No hay ni un estudiante solo en la escuela.

9) Vivimos en Granada.

   A) Vivimos en una antigua ciudad. B) Vivimos en una ciudad antigua.

10) No puedes usar las cosas de tu vecino.

   A) Necesitas usar tus propias cosas. B) Necesitas usar tus cosas propias.

Ejercicio 2/Exercise 2

Escribe las palabras en el orden propio./Write the words in the appropriate order.

1) Ella es mi (jefa, vieja) _____.

2) Vamos a mirar la (película, nueva) _____.

3) Mi amigo es un (chico, triste) _____.

4) Ella quiere mostrarnos su (dormitorio, propio) _____.

5) Es un (gato, pobre) _____.

SECCIÓN 6/SECTION 6

2.7 Rola Respuesta Rápida

Rola Respuesta Rápida/Rola Rapid Response

In this section, you will work on putting the things that you have learned together.

Ejercicio 1/Exercise 1

Traduce a español usando el verbo "hervir."/Translate to Spanish using the verb "hervir."

¿Qué hierves?/What do you boil?

Yo	Hiervo	El agua	*The water*
Tú	Hierves	Los vegetales	*The vegetables*
Él, Ella, Usted	Hierve	El pollo	*The chicken*
Nosotros, Nosotras	Hervimos	El aceite	*The oil*
Vosotros, Vosotras	Hervís	La carne	*The meat*
Ellos, Ellas, Ustedes	Hierven	Las papas	*The potatoes*

1) I boil the water. _____

2) Why don't you boil the vegetables? _____

3) She boils the chicken. _____

4) They boil the oil. _____

5) You (formal) don't boil the meat. _____

6) He boils the potatoes. _____

7) We boil the vegetables. _____

8) I don't boil the chicken. _____

9) They boil the oil. _____

10) You all (Spain, feminine) boil the meat. _____

Ejercicio 2/Exercise 2

Traduce a español usando la expresión verbal "dar de comer."/Translate to Spanish using the verb expression "dar de comer."

¿A quién das de comer?/Whom do you feed?

Yo	Doy de comer	Al perro	*The dog*
Tú	Das de comer	Al gato	*The cat*
Él, Ella, Usted	Da de comer	A los animales	*The animals*
Nosotros, Nosotras	Damos de comer	Al pez	*The fish*
Vosotros, Vosotras	Dais de comer	A los pájaros	*The birds*
Ellos, Ellas, Ustedes	Dan de comer	A las ardillas	*The squirrels*

1) I feed my dog. _____

2) You feed the fishes. _____

3) She feeds the squirrels. _____

4) Why don't they feed the birds? _____

5) You (formal) feed the cats. _____

6) He feeds the dogs. _____

7) We feed the animals. _____

8) I don't feed the fish. _____

9) They feed a squirrel. _____

10) You all feed the animals. _____

Ejercicio 3/Exercise 3

Traduce a español usando el verbo "quemar."/Translate to Spanish using the verb "quemar."

¿Qué quemas?/What do you burn?

Yo	Quemo	La olla	*The pot*
Tú	Quemas	El pan	*The bread*
Él, Ella, Usted	Quema	La cocina	*The kitchen*
Nosotros, Nosotras	Quemamos	Su pelo	*Their hair*
Vosotros, Vosotras	Quemáis	La sartén	*The frying pan*
Ellos, Ellas, Ustedes	Queman	La carne	*The meat*

1) I burn my hair. _____

2) You burn the bread. _____

3) He burns the kitchen. _____

4) You all (Spain, masculine) burn the frying pan. _____

5) We burn the meat. _____

6) She burns the pot. _____

7) They burn their hair. _____

8) I don't burn the bread. _____

9) She doesn't burn the kitchen. _____

10) You all burn the frying pan. _____

CAPÍTULO 3

SECCIÓN 1/SECTION 1

3.1 Vocabulario/Vocabulary

El Salón y La Habitación/Living Room and Bedroom

El salón	Living room
La habitación, el dormitorio, el cuarto	Bedroom
La pared	Wall
El techo	Ceiling
La escalera	Stairs
El sillón, el sofá	Sofa
El sofá cama	Sofa bed
La cama	Bed
La cama matrimonial	Double bed
La cama individual	Single bed
La litera	Bunk bed
El colchón	Mattress
La mecedora	Rocking chair
La mesita baja	Coffee table
La mesita de noche	Bedside table
El aparador	Sideboard
La biblioteca	Bookcase
El armario, el ropero	Wardrobe
La cómoda	Dresser
Las perchas	Hangers
La chimenea	Fireplace
La lámpara	Lamp
La alfombra	Carpet, rug
La almohada	Pillow
El almohadón, el cojín	Cushion
La funda de almohada	Pillow case
La sábana	Sheet
La colcha, el acolchado	Quilt
La manta	Blanket
Las cortinas	Curtains
El cuadro	Picture, painting

El espejo	Mirror
El florero, el jarrón	Vase
El reloj	Clock
El reloj despertador	Alarm clock
El revistero	Magazine rack
El teléfono	Telephone
El televisión	Television

 Ejercicio 1/Exercise 1

Escribe el nombre para cada imagen./Write the name for each image.

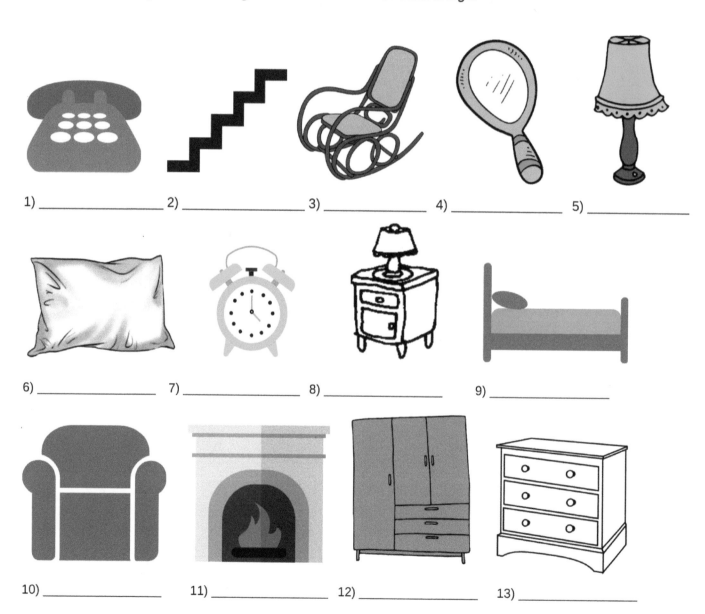

1) _____ 2) _____ 3) _____ 4) _____ 5) _____

6) _____ 7) _____ 8) _____ 9) _____

10) _____ 11) _____ 12) _____ 13) _____

Ejercicio 2/Exercise 2

Para cada palabra del vocabulario anotada aquí, escribe un verbo que empareja./For each vocabulary word listed here, write a verb that matches.

Example: Cama ➜ Hacer (Hacer la cama)

1) Sillón/Sofá ➜ _____

2) Lámpara ➜ _____

3) Biblioteca ➜ _____

4) Televisión ➜ _____

5) Teléfono ➜ _____

6) Espejo ➜ _____

7) Escaleras ➜ _____

8) Perchas ➜ _____

9) Armario ➜ _____

10) Cuadro ➜ _____

Ejercicio 3/Exercise 3

Describe tu salón y tu dormitorio./Describe your living room and your bedroom.

_____

_____

_____

_____

_____

_____

_____

_____

_____

3.2 Lectura/Reading

Casas

Hay muchos tipos de casas y viviendas. Existen casas grandes y pequeñas, edificios blancos y azules, casas de campo y de ciudad, pero hay algo que es común a todas: cada casa tiene su propia alma. Así podemos encontrar, por ejemplo, casas pequeñas de corazón grande, casas abandonadas que aún sostienen un latido, casas que se llenan de color y otras que están apagadas de emoción.

También, aunque no las vemos a primera vista, si nos fijamos bien podemos descubrir que hay casas invisibles que alguna vez fueron y casas que nacen con la esperanza de ser.

Podemos encontrar algunas casas con olor, en las que se respira la nostalgia. Hay casas rodantes, inquietas, que van y vienen, frente a otras que parecen detenidas en el tiempo.

En cada ciudad, cada esquina, cada manzana, cada casa esconde detalles especiales, dentro de la cocina, en cada armario, biblioteca, sofá y cama. En los espejos se refleja el alma de ésta, y bajo la alfombra podemos ver sus secretos. Subiendo la escalera encontramos más aventuras, y atrás de la cama tenemos más recuerdos.

Y así amigos, pueden descubrir que sí, hay multitud de tipos de casas en el mundo, pero seguro que no van a encontrar ninguna como la de ustedes, su hogar, que sin duda es siempre el mejor, porque contiene su esencia, su sello y, por supuesto, en cada rincón está su personalidad.

Ejercicio 1/Exercise 1

Preguntas de Comprensión/Comprehension Questions

1) ¿Qué es común a todas las casas?

_____

_____

2) ¿Qué casas podemos encontrar?

_____

_____

3) ¿Qué pasa con las casas rodantes?

_____

_____

4) ¿Qué palabras del vocabulario encontramos en el cuento?

_____

_____

5) ¿Por qué la casa de cada uno es la más especial?

_____

_____

SECCIÓN 3/SECTION 3

 3.3 Gramática/Grammar

El Futuro Simple/Simple Future

The future tense is used to tell what "will" happen or what "shall" happen: *I will go to the beach next month.*

In Spanish, we don't need to add an auxiliary verb like "will" to express actions in the future.

- Most Spanish verbs are regular in the future, and there are formed by adding an ending to the infinitive, so it's really easy. These are the endings:

1st person singular — **-é**
2nd person singular — **-ás**
3rd person singular — **-á**
1st person plural — **-emos**
2nd person plural — **-éis**
3rd person plural — **-án**

In this chapter, we are just going to learn the -AR endings:

AMAR =	VIAJAR =	CASAR =
yo amar**é**	yo viajar**é**	yo casar**é**
tú amar**ás**	tú viajar**ás**	tú casar**ás**
el/ella/Ud. amar**á**	el/ella/Ud. amar**á**	el/ella/Ud. casar**á**
nosotros/as amar**emos**	nosotros/as amar**emos**	nosotros/as casar**emos**
vosotros/as amar**éis**	vosotros/as amar**éis**	vosotros/as casar**éis**
ellos/as/Uds. amar**án**	ellos/as/Uds. amar**án**	ellos/as/Uds. casar**án**

- There are no irregular verbs in the -AR endings, so this should be easy!

 Ejercicio 1/Exercise 1

Conjuga los siguientes verbos en el futuro y escribe 2 frases con cada uno./Conjugate the following verbs in the future, and write 2 sentences with each one.

HABLAR (to speak)

1era. persona singular	Yo	A)
2nda. persona singular	Tú	B)
3era. persona singular	Él/ella/usted	C)
1era. persona plural	Nosotros/nosotras	D)
2nda. persona plural	Vosotros/vosotras	E)
3era. persona plural	Ellos/ellas/ustedes	F)

1) _____

2) _____

CANTAR (to sing)

1era. persona singular	Yo	A)
2nda. persona singular	Tú	B)
3era. persona singular	Él/ella/usted	C)
1era. persona plural	Nosotros/nosotras	D)
2nda. persona plural	Vosotros/vosotras	E)
3era. persona plural	Ellos/ellas/ustedes	F)

1) _____

2) _____

RESPIRAR (to breathe)

1era. persona singular	Yo	A)
2nda. persona singular	Tú	B)
3era. persona singular	Él/ella/usted	C)
1era. persona plural	Nosotros/nosotras	D)
2nda. persona plural	Vosotros/vosotras	E)
3era. persona plural	Ellos/ellas/ustedes	F)

1) _____

2) _____

ESTAR (to be)

1era. persona singular	Yo	A)
2nda. persona singular	Tú	B)
3era. persona singular	Él/ella/usted	C)
1era. persona plural	Nosotros/nosotras	D)
2nda. persona plural	Vosotros/vosotras	E)
3era. persona plural	Ellos/ellas/ustedes	F)

1) _____

2) _____

TOMAR (to take)

1era. persona singular	Yo	A)
2nda. persona singular	Tú	B)
3era. persona singular	Él/ella/usted	C)
1era. persona plural	Nosotros/nosotras	D)
2nda. persona plural	Vosotros/vosotras	E)
3era. persona plural	Ellos/ellas/ustedes	F)

1) _____

2) _____

SALTAR (to jump)

1era. persona singular	Yo	A)
2nda. persona singular	Tú	B)
3era. persona singular	Él/ella/usted	C)
1era. persona plural	Nosotros/nosotras	D)
2nda. persona plural	Vosotros/vosotras	E)
3era. persona plural	Ellos/ellas/ustedes	F)

1) _____

2) _____

Ejercicio 2/Exercise 2

Completa cada frase con la forma correcta de futuro simple./Complete each sentence with the correct future tense form.

1) Mañana _____ (bañarse/yo) por la noche, no por la mañana como siempre.

2) ¿Dónde _____ (festejar/ellos) su cumpleaños?

3) Vosotros _____ (necesitar) muy buenas notas para pasar al próximo año de secundaria.

4) ¡María! ¡_____ (hablar) con la profesora mañana de una vez por todas!

5) Mi hermana _____ (caminar) hasta la esquina para encontrar al perro.

6) Nosotros _____ (mirar) una película de terror esta noche.

7) Julián _____ (buscar) un hotel excelente para hospedarnos en las vacaciones.

8) Yo no _____ (ducharse) hoy porque no hay agua.

9) Ellos _____ (cerrar) toda la casa para irse de luna de miel y sentirse seguros.

10) _____ (empezar/nosotros) las clases la próxima semana.

11) Nunca jamás _____ (comprar/tú) nada más con mi tarjeta de crédito.

12) Yo _____ (practicar) todos los ejercicios que me enseñas para la semana que viene.

Ejercicio 3/Exercise 3

Traduce las siguientes frases a español./Translate the following sentences to Spanish.

1) I'll speak with the teacher tomorrow afternoon. _____

2) She will buy a new house next year. _____

3) They will arrive at your house tomorrow at 10:30 pm. _____

4) How much money will you need to buy the car? _____

5) We will stay at a beach house on vacation. _____

6) It will never snow in Cancún. _____

7) What time will the movie begin? _____

8) I will give you money if you make the bed. _____

9) She will sign the contract next week. _____

10) They will find your dog, don't worry. _____

Ejercicio 4/Exercise 4

Responde a las siguientes preguntas con una frase completa./Answer the following questions with a complete sentence.

1) ¿Qué mirarás en la televisión esta noche? _____

2) ¿Con quién hablarás español? _____

3) ¿Dónde estarás en 5 horas? _____

4) ¿A qué hora te acostarás esta noche? _____

5) ¿Qué cocinarás esta noche? _____

6) ¿Qué llevarás de comer mañana al trabajo? _____

7) ¿Quién crees que ganará las próximas elecciones? _____

8) ¿Lavarás los platos antes de irte a dormir? _____

 3.4 Gramática/Grammar

Los Pronombres Demostrativos/Demonstrative Pronouns

The demonstrative pronouns place a person, animal or thing in space and/or time.
With the demonstratives you can point out three degrees of distance that are indicated with the adverbs: **AQUÍ** (here), **ALLÍ** (there) and **ALLÁ** (over there).

- *Aquí*: **Este/a** (this), **Estos/as** (these) point to something close to the speaker, either in time (recent or soon) or in space (near). Like always, remember the adverb has to match the noun (feminine/masculine, singular/plural).
Example:
¿Cuánto cuesta *este* libro? (How much does this book cost?)
Esta semana tengo un examen. (I have an exam this week.)

- *Allí*: **Ese/a** (that), **Esos/as** (those) point to something that the speaker sees, but that they cannot reach, or that is close to the listener.
Example:
¿Cuánto cuesta *esa* camisa de ahí? (How much does that shirt there cost?)

- *Allá*: **Aquel/la** (that), **Aquellos/as** (those) demonstrate distance with respect to the speaker and the listener.
Example:
Creo que me gusta más *aquella* camisa que está colgada al fondo. (I think I like better that shirt hanging in the back.)

When we talk about time, **Este** indicates that it is a *present or future moment* and **Ese** and **Aquel**, of a *moment in the past*.
Example:
Esta noche tengo una fiesta de disfraces. (Tonight I have a costume party.)
Ese día de abril llovió mucho. (It rained a lot that day in April.)

These pronouns can also replace a noun with which they agree.
If we know what we are talking about, we can replace the noun easily.
Example:
La camisa que quiero es *aquella.* (The shirt that I want is that one.)
¿Cuál te gusta más? - *Esa* de allí. (Which do you like more? That one from there).

"Acá" and "ahí" are also used as demonstrative pronouns, commonly found in expressions like "por acá" ("around here") and "por ahí" ("around there").

- *Neutral demonstratives* are always pronouns. They do not accompany a noun, and they exist only in the singular. They refer either to something they do not want to name or whose name is unknown, or to what has been said or done previously.
Example:
Eso es muy interesante. (ends with -o) (That is very interesting.)
Tienes que darme **esto** por favor. (ends with -o) (You have to give me that please.)

Ejercicio 1/Exercise 1

Elige el pronombre correcto./Choose the correct pronoun.

1) ¿Puedes darme (ese / esa / aquellos) _____ formularios de allá, por favor?

2) ¿Te gusta (esta / eso / aquel) _____ mesa en el comedor?

3) ¿Cuánto cuestan (esos / estas / aquella) _____ libros?

4) ¿Dónde pongo (este / esa / estas) _____ sofá?

5) (Esa / Eso / Aquel) _____ no es lo que yo quiero decir.

6) (Esos / Ese / Esa) _____ libro es mío, pero (este, ese, esto) _____ es tuyo.

7) (Esto / Esta / Aquella) _____ es una tontería.

Ejercicio 2/Exercise 2

Traduce a español con el pronombre demostrativo correcto./Translate to Spanish with the correct demonstrative pronoun.

1) This pen: _____

2) This book: _____

3) These lamps: _____

4) These couches: _____

5) Those carpets: _____

6) That bed: _____

7) Those buildings: _____

8) That pillow: _____

9) Those houses over there: _____

10) That telephone there: _____

11) That kitchen over there: _____

12) Those clocks over there: _____

13) That book is mine, but that one over there is yours: _____

14) These magazines are mine, but those over there are his: _____

15) This mattress is mine, but that one is his: _____

16) This table is mine, but that one is hers: _____

Ejercicio 3/Exercise 3

Completa las frases con los pronombres demostrativos adecuados./Complete the phrases with the correct demonstrative pronouns.

1) Allí hay unos pantalones. ¿Cuánto cuestan _____ pantalones?

2) Aquí hay una bufanda. ¿ _____ bufanda es de lana?

3) Allá hay un vestido. ¿De qué talla es _____ vestido?

4) Aquí hay unos guantes. ¿ _____ guantes son de piel?

5) Allá hay una chaqueta. ¿ _____ chaqueta es negra?

6) Allí hay unas medias. ¿Son caras _____ medias?

7) Allá hay unas camisas. ¿ _____ camisas son de algodón?

8) Aquí hay una chaqueta. ¿De qué talla es _____ chaqueta?

9) Aquí hay unos calzoncillos. ¿Cómo hay que lavar _____ calzoncillos?

10) Allá hay un sujetador. ¿De qué marca es _____ sujetador?

SECCIÓN 4/SECTION 4

 3.5 Rola Respuesta Rápida

Rola Respuesta Rápida/Rola Rapid Response

In this section, you will work on putting the things that you have learned together.

 Ejercicio 1/Exercise 1

Traduce a español usando el verbo "llegar" en el futuro./Translate to Spanish using the verb "llegar" in the future.

¿A dónde/Cuándo llegarás?/Where/When will you arrive?

Yo	Llegaré	Al trabajo	At work
Tú	Llegarás	A la disco	At the nightclub
Él, Ella, Usted	Llegará	Al teatro	At the theater
Nosotros, Nosotras	Llegaremos	De las vacaciones	From vacation
Vosotros, Vosotras	Llegaréis	A la fiesta	At the party
Ellos, Ellas, Ustedes	Llegarán	A casa	Home

1) I will arrive home. _____

2) When will you arrive at work? _____

3) She will arrive at the disco. _____

4) They will arrive at the party. _____

5) You (formal) will arrive from vacation. _____

6) He will arrive at the theater. _____

7) We will arrive at your home. _____

8) I won't arrive from vacation. _____

9) They will arrive at the disco. _____

10) You will arrive to work. _____

 Ejercicio 2/Exercise 2

Escribe 10 frases en el futuro con estos verbos. 5 tienen que ser afirmativas y 5 negativas./Write 10 sentences in the future with these verbs. 5 have to be affirmative and 5 negative.

AYUDAR - BAILAR - CREAR - ALQUILAR - BUSCAR - CONTESTAR - ENSEÑAR - DESEAR - ESCUCHAR - ESTUDIAR

_____

_____

_____

_____

_____

_____

_____

_____

_____

_____

 Ejercicio 3/Exercise 3

Traduce estas frases con cosas para hacer en la casa./Translate these sentences with things to do in the house.

1) I will clean the bathroom after watching the show.

_____

2) She will cut the lawn when she wakes up.

_____

3) Pablo and Raúl will cook dinner for everyone tonight.

_____

4) Why won't you dry the dishes?

_____

5) You all will look after the children tomorrow afternoon.

_____

6) We won't vacuum the carpet today because we are tired.

_____

7) I will fix the dishwasher to be able to use it again.

_____

8) He will clear the table after eating.

_____

9) They will clean the house after the party.

_____

10) You will water the plants on the balcony this afternoon.

_____

CAPÍTULO 4

SECCIÓN 1/SECTION 1

4.1 Vocabulario/Vocabulary

El Baño/Bathroom

El inodoro	*Toilet*
El bidé	*Bidet*
La bañera	*Bathtub*
La ducha	*Shower*
El lavabo	*Sink*
El grifo	*Faucet*
El armario, el notiquín	*Bathroom cabinet*
La repisa, el estante	*Shelf*
El espejo	*Mirror*
La alfombra de baño	*Bath mat*
La toalla	*Towel*
El cepillo de dientes	*Toothbrush*
El dentífrico, la pasta de dientes	*Toothpaste*
El cepillo de cabello	*Hair brush*
El peine	*Comb*
El champú	*Shampoo*
El acondicionador	*Conditioner*
La esponja	*Sponge*
El gel de ducha	*Shower gel*
El jabón	*Soap*
La loción	*Lotion*
La maquinilla de afeitar	*Razor*
El papel higiénico	*Toilet paper*
Los sales de baño	*Bath salts*
El taburete	*Bathroom step stool*

Ejercicio 1/Exercise 1

Escribe el nombre para cada imagen./Write the name for each image.

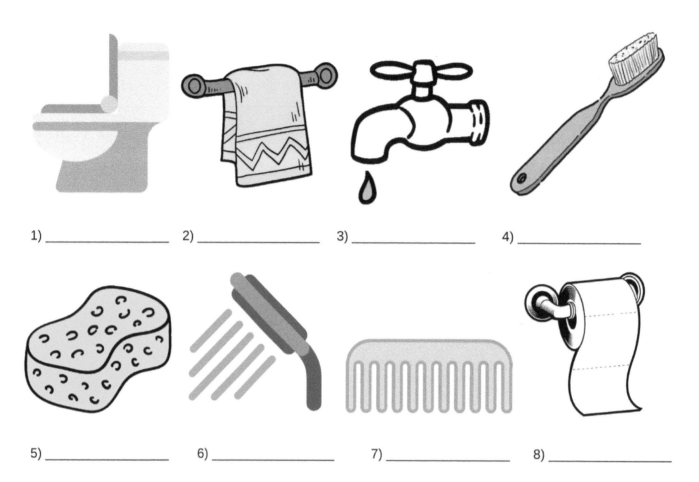

1) _____ 2) _____ 3) _____ 4) _____

5) _____ 6) _____ 7) _____ 8) _____

Ejercicio 2/Exercise 2

Para cada palabra del vocabulario anotada aquí, escribe un verbo que empareja. Presta atención a los que son reflexivos./For each vocabulary word listed here, write a verb that matches. Pay attention to the ones that are reflexive.

Example: Lavabo → Lavarse (Lavarse las manos)

1) Toalla → _____

2) Jabón → _____

3) Bañera → _____

4) Cepillo → _____

5) Grifo → _____

6) Espejo → _____

7) Pasta de dientes ➔ _____

8) Peine ➔ _____

9) Máquina de afeitar ➔ _____

10) Taburete ➔ _____

 Ejercicio 3/Exercise 3

Describe tu baño usando al menos 6 palabras del vocabulario y las acciones que haces allí con reflexivos./Describe your bathroom using at least 6 vocabulary words, and the actions you do there with reflexives.

_____
_____
_____
_____
_____
_____
_____
_____
_____
_____

SECCIÓN 2/SECTION 2

 4.2 Lectura/Reading

El Baño Diario

Es muy temprano, el jabón se levanta y le dice al champú que tienen mucho trabajo pues hoy es sábado y la familia se va de paseo y a su regreso se remojarán.

- Champú: ¿Que estará pasando que ya son las siete de la mañana y la familia no se levanta para darse el baño cotidiano?

- Jabón: Los sábados es el día en que se bañan a las diez de la mañana y no a las siete, ya que hoy no tienen clases.

Cuando el reloj marca las diez de la mañana el cepillo dice a la pasta de dientes: "¡A despertarse que ya empezará nuestro trabajo!" El cepillo está lleno de pasta de dientes y la pasta se queda aliviada ya que por esta mañana es suficiente. El cepillo y la pasta de dientes descansan mientras el champú y el jabón esperan su turno.

-Jabón: Empezaremos ahora, pues la bañera se está llenando muy rápido.

El champú lava cuidadosamente la cabeza, entrando por cada pelo, y dejándolo sedoso y brillante. Luego le toca su turno al jabón. Se dedica rigurosamente a lavar y limpiar. Cuando termina su trabajo se echa en la jabonera y se siente feliz después de ese gran baño.

- ¡Qué felices estamos todos los trabajadores de la limpieza personal, pues ahora descansaremos luego de un trabajo bien hecho!

El baño es importante en la vida de toda persona. Debe ser parte de nuestra rutina, la piel y el pelo son barreras de protección contra el medio ambiente, ya que absorben impurezas y gérmenes que pueden infectar nuestro cuerpo. El baño sirve para eliminar células muertas que ya no lo protegen.

 ## Ejercicio 1/Exercise 1

Preguntas de Comprensión/Comprehension Questions

1) ¿Cómo es la rutina de baño los sábados?

_____

_____

2) ¿Qué hacen el cepillo y la pasta?

_____

_____

3) ¿Qué hacen el champú y el jabón?

_____

_____

4) ¿Por qué es tan importante el bañarse?

_____

_____

5) Marca las palabras donde veas objeto directo e indirecto, verbos reflexivos y futuro.

_____

_____

4.3 Gramática/Grammar

El Futuro Simple (Continuado)/Simple Future (Continued)

Let's continue with -ER and -IR verbs, focusing on the regular ones.
Remember that the endings for the future tense are the same as for -AR verbs.

1st person singular — **-é**
2nd person singular — **-ás**
3rd person singular — **-á**
1st person plural — **-emos**
2nd person plural — **-éis**
3rd person plural — **-án**

Let's conjugate:

COMER	VIVIR
comer**é**	vivir**é**
comer**ás**	vivir**ás**
comer**á**	vivir**á**
comer**emos**	vivir**emos**
comer**éis**	vivir**éis**
comer**án**	vivir**án**

 Ejercicio 1/Exercise 1

Conjuga los siguientes verbos en el futuro y escribe 2 frases con cada uno./Conjugate the following verbs in the future, and write 2 sentences with each one.

IR (to go)

1era. persona singular	Yo	A)
2nda. persona singular	Tú	B)
3era. persona singular	Él/ella/usted	C)
1era. persona plural	Nosotros/nosotras	D)
2nda. persona plural	Vosotros/vosotras	E)
3era. persona plural	Ellos/ellas/ustedes	F)

1) _____

2) _____

CORRER (to run)

1era. persona singular	Yo	A)
2nda. persona singular	Tú	B)
3era. persona singular	Él/ella/usted	C)
1era. persona plural	Nosotros/nosotras	D)
2nda. persona plural	Vosotros/vosotras	E)
3era. persona plural	Ellos/ellas/ustedes	F)

1) _____

2) _____

MOVER (to move)

1era. persona singular	Yo	A)
2nda. persona singular	Tú	B)
3era. persona singular	Él/ella/usted	C)
1era. persona plural	Nosotros/nosotras	D)
2nda. persona plural	Vosotros/vosotras	E)
3era. persona plural	Ellos/ellas/ustedes	F)

1) _____

2) _____

ESCRIBIR (to write)

1era. persona singular	Yo	A)
2nda. persona singular	Tú	B)
3era. persona singular	Él/ella/usted	C)
1era. persona plural	Nosotros/nosotras	D)
2nda. persona plural	Vosotros/vosotras	E)
3era. persona plural	Ellos/ellas/ustedes	F)

1) _____

2) _____

PONER (to put)

1era. persona singular	Yo	A)
2nda. persona singular	Tú	B)
3era. persona singular	Él/ella/usted	C)
1era. persona plural	Nosotros/nosotras	D)
2nda. persona plural	Vosotros/vosotras	E)
3era. persona plural	Ellos/ellas/ustedes	F)

1) _____

2) _____

PERDER (to lose)

1era. persona singular	Yo	A)
2nda. persona singular	Tú	B)
3era. persona singular	Él/ella/usted	C)
1era. persona plural	Nosotros/nosotras	D)
2nda. persona plural	Vosotros/vosotras	E)
3era. persona plural	Ellos/ellas/ustedes	F)

1) _____

2) _____

Ejercicio 2/Exercise 2

Completa cada frase con la forma correcta del futuro simple./Complete each sentence with the correct future tense form.

1) El mes que viene _____ (ir) de vacaciones a Hawái.

2) Claudia y Mateo _____ (vivir) en Chile durante 2 años.

3) Vosotros _____ (comer) delicioso en el restaurante de la esquina.

4) Sandra _____ (ser) la próxima gran actriz de telenovelas.

5) Mi hermana _____ (correr) el maratón de Nueva York este año.

6) Julio, Camilo y yo _____ (hacer) una torta de 8 pisos para el cumpleaños de la abuela.

7) No te preocupes, ahora César _____ (abrir) las ventas para que entre el aire.

8) Tienes que sujetarme muy bien o _____ (caer) de esta escalera.

9) Ellos _____ (pedir) mariscos y vino tinto en la cena de esta noche.

10) Ella _____ (conducir) toda la noche para poder llegar el día de Navidad.

11) Estoy segura que _____ (dormir/nosotros) muy bien esta noche en el hotel de la playa.

12) _____ (leer/yo) el libro que me recomiendas durante las vacaciones.

Ejercicio 3/Exercise 3

Traduce las siguientes frases a español. Usa un diccionario./Translate the following sentences to Spanish. Use a dictionary.

1) He will sleep until tomorrow afternoon.

_____

2) What time will you go to the graduation?

_____

3) María doesn't want to lend her clothes, because she knows she'll lose them.

_____

4) They will attend the play you are acting in on Friday.

_____

5) I will learn Spanish next year.

_____

6) In the theatre, we will applaud you.

_____

7) My dad won't believe that I exercise every day in the week.

_____

8) You will receive a big gift on your birthday.

_____

9) She will climb the highest mountain next month.

_____

10) I will break the pact of studying every day.

_____

SECCIÓN 4/SECTION 4

 4.4 Gramática/Grammar

El Futuro: Verbos Irregulares/Future: Irregular Verbs

There are only 12 verbs that are irregular in the future tense. We can divide them in 3 groups. Here we are going to see the first 5 verbs:

Grupo 1 — drop the final vowel, and add the future tense ending:

caber (to fit) → yo *cabré*
haber (to have, auxiliary) → yo *habré*
poder (to be able to) → yo *podré*
querer (to want) → yo *querré*
saber (to know) → yo *sabré*
poner (to put) → yo *pondré*

 Ejercicio 1/Exercise 1

Conjuga los siguientes verbos en el futuro y escribe 2 frases con cada uno./Conjugate the following verbs in the future, and write 2 sentences with each one.

PODER (to be able to)

1era. persona singular	Yo	A)
2nda. persona singular	Tú	B)
3era. persona singular	Él/ella/usted	C)
1era. persona plural	Nosotros/nosotras	D)
2nda. persona plural	Vosotros/vosotras	E)
3era. persona plural	Ellos/ellas/ustedes	F)

1) _____

2) _____

SABER (to know)

1era. persona singular	Yo	A)
2nda. persona singular	Tú	B)
3era. persona singular	Él/ella/usted	C)
1era. persona plural	Nosotros/nosotras	D)
2nda. persona plural	Vosotros/vosotras	E)
3era. persona plural	Ellos/ellas/ustedes	F)

1) _____

2) _____

CABER (to fit)

1era. persona singular	Yo	A)
2nda. persona singular	Tú	B)
3era. persona singular	Él/ella/usted	C)
1era. persona plural	Nosotros/nosotras	D)
2nda. persona plural	Vosotros/vosotras	E)
3era. persona plural	Ellos/ellas/ustedes	F)

1) _____

2) _____

QUERER (to want)

1era. persona singular	Yo	A)
2nda. persona singular	Tú	B)
3era. persona singular	Él/ella/usted	C)
1era. persona plural	Nosotros/nosotras	D)
2nda. persona plural	Vosotros/vosotras	E)
3era. persona plural	Ellos/ellas/ustedes	F)

1) _____

2) _____

Ejercicio 2/Exercise 2

Completa cada frase con la forma correcta del futuro simple./Complete each sentence with the correct future tense form.

1) Todos _____ (caber) en el auto, no te preocupes.

2) Jamás _____ (saber/nosotros) la verdad sobre ese problema.

3) No _____ (poder/yo) ir a la cena del sábado por la noche.

4) _____ (haber/tú) llegado a casa para las 8 de la noche.

5) Vosotros _____ (poder) pedir cosas ricas para comer.

6) No _____ (querer/nosotras) comer a esa hora, ya será muy tarde.

7) Julián _____ (saber) como resolver el problema en tu cocina.

8) Nosotros _____ (haber) visto la película para mañana.

9) Para mi cumpleaños _____ (querer) salir a bailar toda la noche.

10) Esta caja no _____ (caber) en el armario, es muy grande.

Ejercicio 3/Exercise 3

Traduce las siguientes frases./Translate the following sentences.

1) They will be able to read all night in the train.

_____

2) He won't fit in those pants, they are tiny.

_____

3) I will want to see the movie on Sunday afternoon.

_____

4) You will know exactly what this is all about.

_____

5) Nora and I will be able to go on vacation next month.

_____

6) It's impossible. They won't want to go to that meeting.

_____

SECCIÓN 5/SECTION 5

4.5 Rola Respuesta Rápida

Rola Respuesta Rápida/Rola Rapid Response

In this section, you will work on putting the things that you have learned together.

Ejercicio 1/Exercise 1

Conjuga en el futuro y traduce a español usando el verbo "dormir."/Conjugate in the future and translate to Spanish using the verb "dormir."

¿Dónde y cuándo dormirás?/Where and when will you sleep?

Yo	A)	En el jardin	In the garden
Tú	B)	En el crucero	On the cruise ship
Él, Ella, Usted	C)	En la cárcel	In jail
Nosotros, Nosotras	D)	A las 10	At 10 (am)
Vosotros, Vosotras	E)	A las 23	At 11 (pm)
Ellos, Ellas, Ustedes	F)	Por la tarde	In the afternoon

1) I will sleep in the garden. _____

2) Why won't you sleep in the afternoon? _____

3) She will sleep on the cruise. _____

4) Marcos and Marina will sleep in jail. _____

5) You (formal) will sleep at 10 am. _____

6) He will sleep at 11 pm. _____

 Ejercicio 2/Exercise 2

Conjuga en futuro y traduce a español usando los verbos "bañarse" y "lavarse."/Conjugate in the future and translate to Spanish using the verbs "bañarse" and "lavarse."

¿Qué te lavarás? ¿Dónde te bañarás?/What will you wash? Where will you bathe?

Yo	A) (bañarse)	En la ducha	*In the shower*
Tú	B) (lavarse)	El pelo	*The hair*
Él, Ella, Usted	C) (bañarse)	En el baño	*In the bathroom*
Nosotros, Nosotras	D) (lavarse)	El cuerpo	*The body*
Vosotros, Vosotras	E) (bañarse)	En el hotel	*In the hotel*
Ellos, Ellas, Ustedes	F) (lavarse)	Los pies	*The feet*

1) I will bathe in the shower. _____

2) You will wash your hair. _____

3) Carlos won't bathe in the bathroom. _____

4) We will wash our bodies. _____

5) You all (Spain, masculine) will bathe in the hotel. _____

6) They won't wash your feet. _____

Ejercicio 3/Exercise 3

Haz frases en futuro con las palabras siguientes de la casa. En cada frase escribe al menos 2 palabras más del vocabulario de las partes de la casa./Make future sentences with the following home vocabulary words. In each sentence write at least 2 other vocabulary words of the parts in the house.

1) Jardín — _____

2) Bañera — _____

3) Salón — _____

4) Comedor — _____

5) Cocina — _____

6) Garaje — _____

7) Piscina — _____

8) Dormitorio — _____

9) Baño — _____

10) Sendero — _____

CAPÍTULO 5

SECCIÓN 1/SECTION 1

5.1 Vocabulario/Vocabulary

La Escuela/School

La clase	Class
El recreo	Recess
El compañero/la compañera de clase	Classmate
El aula (f.), el salón (m.) de clases	Classroom
El curso	Course
El alumno/la alumna, el estudiante/la estudiante	Student
El director/la directora	Principal
El profesor/la profesora	Professor
El maestro/la maestra	Teacher
El consejero/la consejera	Counselor
La cafetería	Cafetería
La calificación, la nota	Grade
La escuela primaria, la escuela secundaria	Elementary school, high school
El jardín de infantes	Kindergarten
La tarea	Homework
El escritorio	Desk
La mochila	Backpack
Los libros	Books
El cuaderno	Notebook
La calculadora	Calculator
Los lápices	Pencils
Las lapiceras, los bolígrafos	Pens
El pegamento	Glue
La tijera	Scissors
El pizarrón	Chalkboard
La tiza	Chalk
El globo terráqueo	Globe
El estuche	Pencil case

Often, "colegio" is used instead of "la escuela secundaria"

Ejercicio 1/Exercise 1

Escribe el nombre de estos objetos./Write the name of these objects.

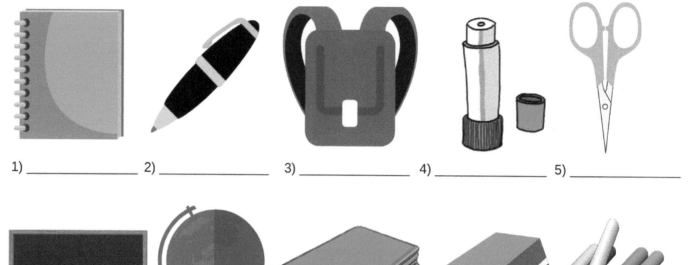

1) _____ 2) _____ 3) _____ 4) _____ 5) _____

6) _____ 7) _____ 8) _____ 9) _____ 10) _____

Ejercicio 2/Exercise 2

Para cada palabra del vocabulario aquí, escribe una frase usando futuro o presente progresivo./For each vocabulary word listed here, write a sentence using future or present progressive.

Example: Examen → Está haciendo un examen en silencio.

1) Recreo → _____

2) Escuela → _____

3) Clase → _____

4) Lápices → _____

5) Director → _____

6) Gimnasia → _____

7) Tarea → _____

8) Jardín de Infantes → _____

9) Semestre → _____

10) Mochila → _____

Ejercicio 3/Exercise 3

Completa las frases con la palabra correcta del vocabulario./Complete the sentences with the correct vocabulary word.

1) Yo tengo muchos bolígrafos en mi _____.

2) El profesor escribirá en el _____.

3) Los libros están en la _____.

4) Yo estoy escribiendo en mi _____.

5) Los estudiantes están en la _____.

6) Hay veinte _____ en el aula.

7) Llevo todo a la escuela en la _____.

8) Yo escribo con mi _____.

9) El _____ está hablando con el estudiante.

10) Nicole está escuchando al _____.

11) Los alumnos utilizarán _____ para corregir sus errores.

12) Las materias que más odio son _____ y _____.

13) Nos divertiremos mucho en el _____.

SECCIÓN 2/SECTION 2

5.2 La Lectura/Reading

El Primer Día de Escuela

Esta mañana Pablito se levanta muy nervioso, es su primer día de clase en la escuela.

-¡Vamos Pablito, apúrate, llegaremos tarde!

Pablito se viste, se lava los dientes, desayuna y se pone su mochila nueva. Sube al coche con su papá y se dirigen a la escuela primaria.

- Pablito, ya llegamos. Esta será tu escuela y te divertirás mucho.

A Pablito le da mucha vergüenza hablar con otros estudiantes y no sabe si su profesora será buena. Cuando entra en la clase ve muchos escritorios con sus sillas, muchos libros, tizas y un pizarrón enorme. Pablito se sienta en un escritorio de la segunda fila.

Niña: - Hola, ¿Cómo te llamas?

Pablito: - Me llamo Pablo, pero todos me llaman Pablito. ¿Y tú?

Niña: - Yo me llamo Claudia, y tengo seis años.

Pablito está feliz porque esta es su primer amiga y está seguro que jugarán en el recreo juntos a algo divertido y que ella le presentará más niños.

La profesora es una señora muy guapa que se llama Sofía. Es muy buena, les deja pintar en sus cuadernos con marcadores y crayones. También juegan mucho y les dice que les enseñará un montón de cosas, como sumar y restar.

A la hora del recreo Pablito juega a los castillos con Claudia y con otros dos niños de su clase que se llaman Raúl y Pedro. Arreglan que todos almorzarán juntos en el comedor.

Cuando Pablito llega a su casa está muy contento y no para de hablar y de contarle a sus padres su experiencia en la escuela, y sobre sus nuevos amigos.

 Ejercicio 1/Exercise 1

Preguntas de Comprensión/Comprehension Questions

1) ¿Por qué está nervioso Pablito?

_____

_____

2) ¿Qué cosas ve en la clase cuando entra?

_____

_____

3) ¿Cómo es la profesora y qué les dice?

_____

_____

4) ¿Qué hace en el recreo?

_____

_____

SECCIÓN 3/SECTION 3

 5.3 Gramática/Grammar

El Futuro: Verbos Irregulares (Continuado)/Future: Irregular Verbs (Continued)

Let's continue looking at the irregular future verbs. We've already learned:
caber (cabré) - haber (habré) - poder (podré) - querer (querré) - saber (sabré).

Now we have groups 2 and 3.

Grupo 2 — replace the final vowel with the letter D, then add the future tense ending
poner (to put) → yo **pondré**
salir (to go out) → yo **saldré**
tener (to have) → yo **tendré**
valer (to be worth) → yo **valdré**
venir (to come) → yo **vendré**

Grupo 3 — irregulars with no pattern
decir (to say) → yo **diré**
hacer (to do) → yo **haré**

We also have compound irregular verbs: irregular verbs with the addition of different prefixes. Let's see:
OBTENER (to obtain) - ABSTENERSE (to abstain) - COMPONER (to compose) - CONTENER (to hold, to contain) - DETENER (to stop, to arrest) - MANTENER (to maintain) - SOSTENER (to hold) - SUPONER (to suppose) - OPONERSE (to oppose)

 Ejercicio 1/Exercise 1

Conjuga los siguientes verbos en el futuro y escribe 2 frases con cada uno./Conjugate the following verbs in the future, and write 2 sentences with each one.

SALIR (to go out)

1era. persona singular	Yo	A)
2nda. persona singular	Tú	B)
3era. persona singular	Él/ella/usted	C)
1era. persona plural	Nosotros/nosotras	D)
2nda. persona plural	Vosotros/vosotras	E)
3era. persona plural	Ellos/ellas/ustedes	F)

1) _____

2) _____

DECIR (to say)

1era. persona singular	Yo	A)
2nda. persona singular	Tú	B)
3era. persona singular	Él/ella/usted	C)
1era. persona plural	Nosotros/nosotras	D)
2nda. persona plural	Vosotros/vosotras	E)
3era. persona plural	Ellos/ellas/ustedes	F)

1) _____

2) _____

HACER (to make)

1era. persona singular	Yo	A)
2nda. persona singular	Tú	B)
3era. persona singular	Él/ella/usted	C)
1era. persona plural	Nosotros/nosotras	D)
2nda. persona plural	Vosotros/vosotras	E)
3era. persona plural	Ellos/ellas/ustedes	F)

1) _____

2) _____

PONER (to put)

1era. persona singular	Yo	A)
2nda. persona singular	Tú	B)
3era. persona singular	Él/ella/usted	C)
1era. persona plural	Nosotros/nosotras	D)
2nda. persona plural	Vosotros/vosotras	E)
3era. persona plural	Ellos/ellas/ustedes	F)

1) _____

2) _____

Ejercicio 2/Exercise 2

Completa cada frase con la forma correcta del futuro simple./Complete each sentence with the correct future tense form.

1) Hugo _____ (rehacer) la tarea porque está mal.

2) Nunca jamás _____ (decir/nosotros) el secreto que guardamos.

3) _____ (venir) muchos chicos a la escuela este año.

4) _____ (tener/tú) lápices, goma de borra, tijeras y sacapuntas en el estuche.

5) Jorgelina _____ (hacer) la cama de su cuarto en un rato.

6) Mis padres _____ (mantener) una charla importante con el director de la escuela secundaria.

7) Está segura que _____ (obtener) buenas notas en el examen.

8) _____ (poner/tú) música disco en la fiesta de fin de curso.

9) Ellos _____ (venir) a casa para cenar a las 8 de la noche.

10) El perro _____ (salir) a pasear mañana temprano.

11) _____ (tener/yo) 30 años dentro de 5 meses.

12) Esa colección de estampillas _____ (valer) una fortuna en 50 años.

Ejercicio 3/Exercise 3

Traduce las siguientes frases a español./Translate the following sentences to Spanish.

1) He will have good grades at university, he's really smart.

_____

2) We will all put on our raincoats to go to the playground.

_____

3) I will oppose all of your ideas of science.

_____

4) You all will abstain from drinking tonight.

_____

5) She will redo the exam next year.

_____

6) The police will detain the thief who is in my garden.

_____

7) You won't maintain these good grades with that attitude.

_____

8) Where will you get enough money to buy that beautiful backpack?

_____

9) I won't have pets in this house, it's too small.

_____

10) They will abstain from eating.

_____

SECCIÓN 4/SECTION 4

5.4 Vocabulario/Vocabulary

La Escuela (Continuado)/School (Continued)

El crayón	Crayon
Los marcadores	Markers
La goma de borrar	Eraser
El sacapuntas	Pencil sharpener
La regla	Ruler
El mapa	Map
El calendario	Calendar
El examen	Exam
El semestre	Semester
El gimnasio	Gym
El laboratorio	Lab

La biblioteca	*Library*
El título	*Degree*
La diploma	*Diploma*
El arte	*Art*
La biología	*Biology*
La química	*Chemistry*
La economía	*Economics*
La geografía	*Geography*
La historia	*History*
La literatura	*Literature*
La matemática	*Math*
La música	*Music*
La filosofía	*Philosophy*
La física	*Physics*
Las ciencias	*Science*

 Ejercicio 1/Exercise 1

Describe tu día en la escuela./Describe your day at school.

_____

_____

_____

_____

_____

_____

_____

_____

_____

_____

5.5 Gramática/Grammar

El Pretérito: Los Verbos -AR/Preterite: -AR Verbs

The preterite is used in Spanish to express actions that began and ended in the past and took place in a limited time.
In this section you will learn to identify the situations in which the preterite is used and the conjugation rules of verbs.

So we can use it to express:

- Actions that take place at a *specific moment in the past*
El año pasado **llegó** una chica nueva a clase. (Last year a new girl arrived to class.)
Cociné demasiados chocolates el fin de semana. (I cooked too many chocolates on the weekend.)

- *Specific number of actions*
Te **llamé** 7 veces. (I called you 7 times.)
Estudié mucho para el examen. (I studied a lot for the exam.)

- *Defined amount of time*
Trabajaste por 8 horas seguidas. (You worked for eight hours straight.)
Trabajamos en México por 3 meses. (We worked in Mexico for 3 months.)

- *Implied preterit action*: sentences where it is implied that the person performed the action once.
Almorzamos en McDonalds. (We had lunch at McDonalds.)

- The preterite is *used for actions that were part of a chain of events.*
Ella **se levantó, se cepilló** y **desayunó**. (She got up, brushed, and had breakfast)

Regular verbs -AR
We have to drop the -AR, and add the following endings:
1st person singular — **é**
2nd person singular — **aste**
3rd person singular — **ó**
1st person plural — **amos**
2nd person plural — **asteis**
3rd person plural — **aron**

So, for example: *Yo hablé - Tú hablaste - Ella habló - Nosotros hablamos - Vosotras hablasteis - Ellos hablaron.*

Note that the nosotros form is identical in the preterite and in the present for -AR verbs, so we must deduce the tense from context.

Ejercicio 1/Exercise 1

Conjuga los siguientes -AR verbos en el pretérito, y escribe 2 frases con cada uno./Conjugate the following -AR verbs in the preterite, and write 2 sentences with each one.

AMAR (to love)

1era. persona singular	Yo	A)
2nda. persona singular	Tú	B)
3era. persona singular	Él/ella/usted	C)
1era. persona plural	Nosotros/nosotras	D)
2nda. persona plural	Vosotros/vosotras	E)
3era. persona plural	Ellos/ellas/ustedes	F)

1) _____

2) _____

CANTAR (to sing)

1era. persona singular	Yo	A)
2nda. persona singular	Tú	B)
3era. persona singular	Él/ella/usted	C)
1era. persona plural	Nosotros/nosotras	D)
2nda. persona plural	Vosotros/vosotras	E)
3era. persona plural	Ellos/ellas/ustedes	F)

1) _____

2) _____

CAMINAR (to walk)

1era. persona singular	Yo	A)
2nda. persona singular	Tú	B)
3era. persona singular	Él/ella/usted	C)
1era. persona plural	Nosotros/nosotras	D)
2nda. persona plural	Vosotros/vosotras	E)
3era. persona plural	Ellos/ellas/ustedes	F)

1) _____

2) _____

ESTUDIAR (to study)

1era. persona singular	Yo	A)
2nda. persona singular	Tú	B)
3era. persona singular	Él/ella/usted	C)
1era. persona plural	Nosotros/nosotras	D)
2nda. persona plural	Vosotros/vosotras	E)
3era. persona plural	Ellos/ellas/ustedes	F)

1) _____

2) _____

SALTAR (to jump)

1era. persona singular	Yo	A)
2nda. persona singular	Tú	B)
3era. persona singular	Él/ella/usted	C)
1era. persona plural	Nosotros/nosotras	D)
2nda. persona plural	Vosotros/vosotras	E)
3era. persona plural	Ellos/ellas/ustedes	F)

1) _____

2) _____

MIRAR (to look)

1era. persona singular	Yo	A)
2nda. persona singular	Tú	B)
3era. persona singular	Él/ella/usted	C)
1era. persona plural	Nosotros/nosotras	D)
2nda. persona plural	Vosotros/vosotras	E)
3era. persona plural	Ellos/ellas/ustedes	F)

1) _____

2) _____

Ejercicio 2/Exercise 2

Completa las frases con la conjugación correcta del pretérito./Complete the sentences with the correct conjugation of the preterite.

1) El año pasado _____ (caminar/yo) a la escuela todos los días.

2) Sara _____ (amar) aprender arte, ciencias y física en primaria.

3) Nosotros _____ (ayudar) a los estudiantes con las materias de la escuela.

4) _____ (bailar/tú) con el alumno más inteligente y lindo de la clase en el baile de graduación el viernes pasado.

5) Ellos nos _____ (enseñar) historia del arte en la escuela secundaria.

6) Durante todo el año _____ (desear/yo) terminar el curso con buenas notas.

7) Vosotros _____ (firmar) el examen el jueves con sus iniciales.

8) Los niños _____ (escuchar) al director de la escuela dar un gran discurso el fin de año.

9) Tú _____ (ganar) la competición de gimnasia.

10) Los alumnos de cuarto grado _____ (estudiar) muchísimo para el examen final.

Ejercicio 3/Exercise 3

Traduce las siguientes frases a español./Translate the following sentences to Spanish.

1) I bought pencils, pens and a notebook for my first day of school.

_____

2) You studied economics last year in your class.

_____

3) She worked for two years at the kindergarten on that street.

_____

4) We washed the clothing last night.

_____

5) Catalina and Lucía sang Queen's songs at the school concert.

_____

6) You all (Spain, masculine) danced to the rhythm of rock yesterday.

_____

7) My parents spoke to the principal at the school meeting.

_____

8) I took a shower this afternoon after going to the gym.

_____

9) He taught me everything I know about math.

_____

10) We played with other kids at recess.

_____

SECCIÓN 6/SECTION 6

 5.6 Rola Respuesta Rápida

Rola Respuesta Rápida/Rola Rapid Response

In this section, you will work on putting the things that you have learned together.

 Ejercicio 1/Exercise 1

Conjuga en el pretérito y traduce a español usando el verbo "preguntar."/Conjugate in the preterite and translate to Spanish using the verb "preguntar."

¿A quién y sobre qué preguntaste?/Whom and about what did you ask?

Yo	A)	A la profesora	The teacher
Tú	B)	El examen	The exam
Él, Ella, Usted	C)	Nuestros padres	Our parents
Nosotros, Nosotras	D)	El recreo	Recess
Vosotros, Vosotras	E)	Al director	The principal
Ellos, Ellas, Ustedes	F)	El libro	The book

1) I asked the teacher about the book. _____

2) Why did you not ask about the exam? _____

3) Soledad asked our parents. _____

4) They (f) asked about recess. _____

5) You all didn't ask the principal. _____

6) We asked the teacher. _____

Ejercicio 2/Exercise 2

Conjuga en pretérito y traduce a español usando el verbo "visitar."/Conjugate in the preterite and translate to Spanish using the verb "visitar."

¿A quién visitaste?/Whom did you visit?

Yo	A)	Al abuelo	*The grandpa*
Tú	B)	La secundaria	*High school*
Él, Ella, Usted	C)	El gimnasio	*The gym*
Nosotros, Nosotras	D)	La clase	*The class*
Vosotros, Vosotras	E)	A los amigos	*The friends*
Ellos, Ellas, Ustedes	F)	El restaurante	*The restaurant*

1) I didn't visit the gym. _____

2) You visited my grandpa. _____

3) She visited high school. _____

4) Santiago and I visited the friends. _____

5) You all (Spain, feminine) didn't visit the restaurant. _____

6) Why did they visit the class? _____

 Ejercicio 3/Exercise 3

Escribe lo que harás esta semana, usando al menos 5 verbos irregulares y 10 más regulares./Write what you will do this week, using at least 5 irregular verbs and 10 more regular ones.

_____

_____

_____

_____

_____

_____

_____

_____

CAPÍTULO 6

SECCIÓN 1/SECTION 1

6.1 Vocabulario/Vocabulary

El Campo/The Country

La granja	*Farm*
El establo	*Stable*
La huerta	*Orchard*
La tienda de barrio	*Convenience store*
El agricultor/la agricultora	*Farmer*
El granjero/la granjera	*Farmer*
El mercado de agricultores	*Farmers' market*
La iglesia	*Church*
El rodeo	*Rodeo*
El bosque	*Forest*
La mina	*Mine*
La montaña	*Mountain*
El río	*River*
El lago	*Lake*
El valle	*Valley*
La meseta	*Plateau*
Los animales de granja	*Farm animals*
El tractor	*Tractor*
El árbol	*Tree*
El arbusto	*Bush*
El estanque	*Pond*
Las flores	*Flowers*
El camino, el sendero	*Path*
La fuente	*Fountain*

Ejercicio 1/Exercise 1

Completa las frases y tradúcelas a español con la palabra correcta del vocabulario./Complete the sentences and translate them to Spanish with the correct vocabulary word.

1) Marcos worked in the _____ with the animals for six years.

_____

2) I will swim in the _____ this summer.

_____

3) The _____ is filled with potatoes, tomatoes and onions.

_____

4) The horses are making noise in the _____.

_____

5) Gloria is a _____ and works in the country every day.

_____

6) We bought food and vegetables at the _____.

_____

7) Every Sunday the people of the town go to _____.

_____

8) The _____ is huge; I can see it from here.

_____

 Ejercicio 2/Exercise 2

Para cada palabra del vocabulario aquí, escribe una frase usando futuro o pretérito./For each vocabulary word listed here, write a sentence using future or preterite.

Example: Granja → En la granja trabajaremos con los animales.

1) Meseta → _____

2) Río → _____

3) Tienda → _____

4) Huerta → _____

5) Rodeo → _____

6) Tractor → _____

SECCIÓN 2/SECTION 2

6.2 Lectura/Reading

Un Día en el Campo

Un día del fin de semana, Lucía salió con sus padres al bosque, a visitar la granja en el Pinar de Tamadaba, en la hermosa Isla de Gran Canaria. Era un lindo día para una barbacoa, disfrutar de los árboles, el canto de los pájaros, el azul del cielo, y el aire puro.

Cuando llegaron, aparcaron, sacaron todas las cosas del coche y el padre empezó a calentar la barbacoa. La madre y Lucía jugaron a las cartas.

El lago está al lado de ellos y lo disfrutaron muchísimo. Luego de comer, fueron a la granja de su tío. ¡Qué lindo todo lo que miraron e hicieron!

Se encontraron con el tío Tomás, que les enseñó su huerta, les explicó como produce cada uno de los alimentos, y probaron los tomates, las zanahorias y las papas. ¡Qué rico estuvo todo! Descubrieron los caballos en el establo. El preferido de Lucía fue un caballo marrón con puntitas blancas. Ella quiso llevárselo, pero su padre dijo que no, porque no es suyo, es de su tío.

Luego Tomás les siguió mostrando el lugar. ¡Pudieron conducir el tractor! En realidad, lo manejó la madre, Lucía por supuesto, no pudo hacerlo.

El paisaje es muy lindo. Se ven las montañas al fondo y un río que asoma. Parece ser una imagen sacada de un cuadro.

Luego de pasar el día en la granja, su tío los llevó por el pueblo. Caminaron por las tiendas, pasaron por la iglesia y finalmente llegaron al Rodeo. Eso fue lo más divertido de todo. ¡Cuántos caballos, y de todos los tamaños y colores! La gente bailó, cantó y tomó.

Fue un día para recordar. Su padre le dijo a Lucía que el año que viene lo repetirán.

Ejercicio 1/Exercise 1

Preguntas de Comprensión/Comprehension Questions

1) ¿Qué hicieron Lucía y su familia?

_____

_____

2) ¿Qué cosas visitaron en la granja de Tomás?

_____

_____

3) ¿Qué quiso llevarse Lucía y por qué no pudo?

_____

_____

4) ¿Por qué es el paisaje tan lindo?

_____

_____

5) ¿Qué fue lo más divertido del día?

_____

_____

SECCIÓN 3/SECTION 3

 6.3 Gramática/Grammar

El Pretérito: Los Verbos -ER, -IR/Preterite: -ER, -IR Verbs

In the last chapter we learned about the preterite for the -AR endings.
Now we are going to learn the -ER and -IR regular endings.

We have to drop the -ER and -IR, and add the following endings:
1st person singular — **-í**
2nd person singular — **-iste**
3rd person singular — **-ió**
1st person plural — **-imos**
2nd person plural — **-isteis**
3rd person plural — **-ieron**

For example:
COMER: Yo comí - Tú comiste - Ella comió - Nosotros comimos - Vosotras comisteis - Ellos comieron
VIVIR: Yo viví - Tú viviste - Ella vivió - Nosotros vivimos - Vosotras vivisteis - Ellos vivieron

Yo *comí* una hamburguesa de soja ayer.
Ellos *vivieron* 2 años en mi casa.

Ejercicio 1/Exercise 1

Conjuga los siguientes -ER, -IR verbos en el pretérito./Conjugate the following -ER, -IR verbs in the preterite.

BEBER (to drink)

1era. persona singular	Yo	A)
2nda. persona singular	Tú	B)
3era. persona singular	Él/ella/usted	C)
1era. persona plural	Nosotros/nosotras	D)
2nda. persona plural	Vosotros/vosotras	E)
3era. persona plural	Ellos/ellas/ustedes	F)

CORRER (to run)

1era. persona singular	Yo	A)
2nda. persona singular	Tú	B)
3era. persona singular	Él/ella/usted	C)
1era. persona plural	Nosotros/nosotras	D)
2nda. persona plural	Vosotros/vosotras	E)
3era. persona plural	Ellos/ellas/ustedes	F)

APLAUDIR (to clap)

1era. persona singular	Yo	A)
2nda. persona singular	Tú	B)
3era. persona singular	Él/ella/usted	C)
1era. persona plural	Nosotros/nosotras	D)
2nda. persona plural	Vosotros/vosotras	E)
3era. persona plural	Ellos/ellas/ustedes	F)

ESCRIBIR (to write)

1era. persona singular	Yo	A)
2nda. persona singular	Tú	B)
3era. persona singular	Él/ella/usted	C)
1era. persona plural	Nosotros/nosotras	D)
2nda. persona plural	Vosotros/vosotras	E)
3era. persona plural	Ellos/ellas/ustedes	F)

VENDER (to sell)

1era. persona singular	Yo	A)
2nda. persona singular	Tú	B)
3era. persona singular	Él/ella/usted	C)
1era. persona plural	Nosotros/nosotras	D)
2nda. persona plural	Vosotros/vosotras	E)
3era. persona plural	Ellos/ellas/ustedes	F)

SUBIR (to go up)

1era. persona singular	Yo	A)
2nda. persona singular	Tú	B)
3era. persona singular	Él/ella/usted	C)
1era. persona plural	Nosotros/nosotras	D)
2nda. persona plural	Vosotros/vosotras	E)
3era. persona plural	Ellos/ellas/ustedes	F)

 Ejercicio 2/Exercise 2

Completa las frases con la conjugación correcta del pretérito./Complete the sentences with the correct conjugation of the preterite.

1) Yo _____ (correr) hasta el río, ida y vuelta.

2) Ellos _____ (abrir) la puerta para poder salir al jardín.

3) Julieta _____ (escribir) una carta a su enamorado durante la guerra.

4) _____ (vender/nosotros) la granja el año pasado.

5) Vosotros _____ (salir) de casa para ir al teatro.

6) Tú _____ (comer) muchos vegetales de la huerta del tío.

7) Ayer _____ (subir/yo) hasta la cima de la montaña más alta.

8) _____ (recibir/tú) a los turistas la semana pasada en el hotel.

9) Clara _____ (beber) mucho vino anoche, ahora está muy cansada.

10) Los alumnos de la escuela _____ (aprender) cosas nuevas durante el año.

Ejercicio 3/Exercise 3

Escribe 6 frases sobre lo que hiciste, usando estos verbos en el pretérito./Write 6 sentences of what you did, using these verbs in the preterite.

VIVIR - TEMER - VER - COMPRENDER - METER - SUFRIR

_____

_____

_____

_____

_____

_____

6.4 Gramática/Grammar

Las Expresiones de Tiempo ("Hace...")/Time Phrases ("...Ago")

The verb "hacer" can be used in a number of ways to indicate the length of time.

- Presente: We use the verb hacer with the present tense form of a verb to indicate the *length of time of an action that began in the past and continues to take place now:*

* **Hace** + *time* + **que** + *present tense* form of the verb
Hace un año que estudio español. (I have been studying Spanish for one year.)

- Pretérito: When the verb is in the preterite tense, *it indicates an action that began and finished in the past.* There are two ways to convey the same idea:

* Hace first → **Hace** + *time* + **que** + *preterite tense* form of the verb
Hace *un año* **que estudié** español. (I studied Spanish one year ago.)

* Preterite first → *Preterite tense* form of the verb + **hace** + *time*
Estudié español **hace** un año. (I studied Spanish one year ago.)

Ejercicio 1/Exercise 1

Completa las frases con la forma correcta de hacer con una frase de tiempo, y en presente o pretérito./Complete the sentences with the correct form of hacer with a time phrase, and in present or preterite.

1) _____ una hora _____ tú _____(comer/pretérito).

2) Juan _____ (escribir/pretérito) el libro entero _____ dos años.

3) _____ un mes _____ yo _____(estudiar/presente) en este lugar.

4) Mis padres _____ (pagar/pretérito) la matrícula _____ 3 semanas.

5) _____ mucho tiempo _____ tú no _____ (comer/presente) una gran torta.

6) Juan y yo _____ (comprar/pretérito) la casa _____ treinta minutos.

7) _____ varios días _____ nosotros _____ (esperar/presente) buenas noticias.

8) Tú _____ (visitar/pretérito) el museo _____ cuatro semanas.

9) _____ un año_____todos los viernes Juan _____ (comer/presente) en este restaurante.

Ejercicio 2/Exercise 2

Traduce las siguientes frases a español usando las expresiones de tiempo con hacer de la manera correcta./Translate the following sentences to Spanish using time expressions with hacer in the correct way.

1) I attended the class two weeks ago.

_____

2) The girl wrote her homework 30 minutes ago.

_____

3) They've been reading the book for two hours.

_____

4) We haven't gone to the movies for four months.

_____

5) The children ate a lot of candy several minutes ago.

_____

6) You have been working at the hotel for five years.

_____

7) My friend drank an hour ago.

_____

8) I have been teaching at the university for three months.

_____

9) We watched the movie four days ago.

_____

10) They've been in this class for two weeks.

_____

11) I sang the song two years ago.

_____

12) They published the book six years ago.

_____

13) Sofía, Joaquín and I returned from Spain two days ago.

_____

14) She hasn't worked for six months.

_____

SECCIÓN 4/SECTION 4

6.5 Vocabulario/Vocabulary

El Patio y El Garaje/Yard and Garage

El balcón	*Balcony*
El jardín	*Garden*
El coche	*Car*
La bicicleta	*Bicycle*
La moto	*Motorcycle*
La camioneta	*Pick up truck, van*
El casco	*Helmet*
La puerta de garaje	*Garage door*
La llanta	*Tire*
Los clavos	*Nails*
Los tornillos	*Screws*
El destornillador	*Screwdriver*
El martillo	*Hammer*

El césped	Lawn
La cerca	Fence
La piscina	Swimming pool
Los muebles de jardín	Garden furniture
El banco	Bench
El parasol, la sombrilla	Sunshade
La hamaca	Hammock
La reposera	Pool chair
El cobertizo	Shed
Las herramientas	Tools
La carretilla	Wheelbarrow
La pala	Shovel
El rastrillo	Rake
El cortacésped	Lawnmower
El aspersor	Sprinkler
La manguera	Hose
La regadera	Watering can

Ejercicio 1/Exercise 1

Escribe el nombre para cada imagen./Write the name for each image.

1) _____

2) _____

3) _____

4) _____

5) _____

6) _____

7) _____

8) _____

9) _____

10) _____

11) _____

12) _____

Ejercicio 2/Exercise 2

Relaciona cada frase con un verbo./Match each phrase with a verb.

1) Zambullirse   a) Los clavos a la pared en el garaje

2) Regar   b) En la reposera para tomar sol

3) Martillar   c) La carne y el cerdo en la parrilla

4) Entrar   d) Las plantas y el jardín; estarán muy verdes

5) Sentarse   e) En la piscina está con una temperatura perfecta

6) Asar   f) Y caminar por el sendero, hasta llegar a la casa

 Ejercicio 3/Exercise 3

Describe tu patio o jardín soñado./Describe your dream yard or garden.

_____

_____

_____

_____

_____

_____

_____

_____

_____

SECCIÓN 5/SECTION 5

 ## 6.6 Gramática/Grammar

Repaso Del Objeto Directo y Objeto Indirecto/Review Direct Object and Indirect Object

 ### Ejercicio 1/Exercise 1

Completa el espacio con el pronombre correcto de objeto directo u objeto indirecto./Complete the space with the correct direct or indirect object pronoun.

1) Ese anillo, ya no _____ llevo puesto.

2) Al abuelo _____ duele la cabeza.

3) Esos problemas _____ puedo resolver.

4) Óscar _____ cuenta sus penas. (a mí)

5) Las paredes _____ pintó de blanco.

6) Ellos _____ ofrecieron un caramelo. (a los niños)

7) Bailé con ella pero no _____ besé.

8) Yo _____ avisé pero no hicisteis caso.

9) ¿Puedes recomendar_____ un libro? (a ella)

10) Mis padres _____ convencieron de comprar un auto. (a nosotros)

11) Nunca _____ ofrecieron un premio. (a ti)

12) Estas canciones _____ escucho cada día.

13) Tienes que decir_____ la verdad a tu padre.

14) Este té está frío. No quiero beber_____ .

15) No encuentro mi pasaporte, no me acuerdo en qué cajón _____ metí.

Ejercicio 2/Exercise 2

Re-escribe las frases reemplazando el objeto directo e objeto indirecto por sus pronombres./Rewrite the sentences replacing the direct or indirect object with their pronouns.

*Example: El verano trae **calor a la ciudad**. — El verano se lo trae.*
                    o.d.   o.i.

1) Los regalos incluían sorpresas para todos. — _____

2) Compramos bombones para ti. — _____

3) Estoy escribiendo una carta para mi hermano. — _____

4) Franco trae los documentos para el cliente. — _____

5) Escribe libros para niños. — _____

6) Traigo un regalo para José. — _____

7) Escribió una carta para Julieta. — _____

8) Reservamos dos entradas para Juan y José. — _____

9) Llevó postres para los invitados. — _____

10) Compré la casa para mis hijos. — _____

11) Explicamos los hechos al jurado. — _____

12) Enviaron el informe a los socios. — _____

13) Preparará una presentación para la junta. — _____

14) Diseñarás los muebles para mí. — _____

15) Finalmente vendimos el cuadro (a ti). — _____

 ## Ejercicio 3/Exercise 3

Subraya los pronombres de O.D. y O.I. en el texto./Underline the D.O. and I.O. pronouns in the text.

A un campesino se le cayó su hacha en un río, y triste, empezó a llorar. El espíritu de las aguas lo compadeció y mostrándole un hacha de oro, le preguntó:

- ¿Es ésta tu hacha? -. El campesino respondió: - No, no es la mía.

El espíritu de las aguas le presentó un hacha de plata: - Tampoco es esa -, dijo el campesino.

Entonces el espíritu de las aguas le presentó su propia hacha de hierro. Viéndola el campesino gritó: - ¡Esa es la mía!

Para recompensarlo por su honestidad, el espíritu de las aguas le entregó las 3 hachas. De regreso a su casa, el campesino les mostró sus hachas a sus amigos, contando toda su aventura.

Uno de ellos decidió hacer lo mismo. Fue a la orilla del río, dejó caer su hacha y rompió a llorar.

El espíritu de las aguas le presentó un hacha de oro y le preguntó: - ¿Es esta tu hacha de oro? -. El campesino, lleno de alegría respondió: - Si, sí, esa es la mía.

El espíritu no le dio el hacha de oro, ni la suya de hierro, en castigo por su mentira.

 ## Ejercicio 4/Exercise 4

Llena los espacios con los pronombres correctos./Fill the spaces with the correct pronouns.

1) Yo quiero una mochila. ➔ Mamá _____ compra.

2) Nosotros necesitamos dinero. ➔ Ellos _____ dan.

3) Tú quieres los periódicos. ➔ Yo _____ doy.

4) Quiero una raqueta de tenis. ➔ Juan _____ presta.

5) Mis hijos necesitan sandalias. ➔ Tú _____ compras.

6) Papá quiere la página deportiva. ➔ María _____ trae.

7) Los niños necesitan bolsas de dormir. ➔ Nosotros _____ damos.

8) Ud. quiere comida mexicana. ➔ Mamá _____ prepara.

SECCIÓN 6/SECTION 6

 ### 6.7 Rola Respuesta Rápida

Rola Respuesta Rápida/Rola Rapid Response

In this section, you will work on putting the things that you have learned together.

 ### Ejercicio 1/Exercise 1

Conjuga en el pretérito y traduce a español usando el verbo "buscar."/Conjugate in the preterite and translate to Spanish using the verb "buscar."
BUSCAR (to look for): Look at the 1st person singular Yo. This person is irregular but all the other forms are regular.

¿Qué buscaste?/What did you look for?

Yo	A)	A mi hermano	*My brother*
Tú	B)	Mi libro	*My book*
Él, Ella, Usted	C)	Algo	*Something*
Nosotros, Nosotras	D)	En la biblioteca	*In the library*
Vosotros, Vosotras	E)	Ayuda	*Help*
Ellos, Ellas, Ustedes	F)	Felicidad	*Happiness*

1) She looked for her brother. _____

2) He looked in the library. _____

3) We looked for happiness. _____

4) You all looked for help. _____

5) You (formal) looked for something. _____

6) They (m) looked for my book. _____

Ejercicio 2/Exercise 2

Conjuga en el pretérito y traduce a español usando el verbo "abrir."/Conjugate in the preterite and translate to Spanish using the verb "abrir."

¿Qué abriste?/What did you open?

Yo	A)	La puerta	The door
Tú	B)	Un libro	A book
Él, Ella, Usted	C)	Una computadora	A computer
Nosotros, Nosotras	D)	Tu corazón	Your heart
Vosotros, Vosotras	E)	Un mundo nuevo	A new world
Ellos, Ellas, Ustedes	F)	Nuestros ojos	Our eyes

1) We opened the door. _____

2) You all (Spain, feminine) opened a new world. _____

3) She opened a book. _____

4) I opened a computer. _____

5) You (formal) opened our eyes. _____

6) You opened your heart. _____

Ejercicio 3/Exercise 3

Conjuga en el pretérito y traduce a español usando el verbo "discutir."/Conjugate in the preterite and translate to Spanish using the verb "discutir."

¿Qué discutiste?/What did you discuss?

Yo	A)	Con él	With him
Tú	B)	El precio	The price
Él, Ella, Usted	C)	Ese asunto	That matter
Nosotros, Nosotras	D)	Los problemas	The problems
Vosotros, Vosotras	E)	La película	The movie
Ellos, Ellas, Ustedes	F)	Todo	Everything

1) We discussed with him. _____

2) They discussed everything. _____

3) She discussed the movie. _____

4) You all discussed the problems. _____

5) I discussed the price. _____

6) You all (Spain, feminine) discussed that matter. _____

Ejercicio 4/Exercise 4

Traduce las frases a español, usando un diccionario./Translate the sentences to Spanish, using a dictionary.

1) I ate at that Greek restaurant 2 years ago. I remember now it's yours. It's an amazing place.

_____

2) Alice forgot to come to my party on Friday. I'm mad at her.

_____

3) That kid broke his leg on the swings at the park. Poor thing!

_____

4) You saw him yesterday. He is handsome, tall, and clearly he works out.

_____

5) Paul is taller than Steve. But that doesn't matter. They both play basketball.

_____

6) Richard is the most intelligent student in the entire school. He only gets excellent grades.

_____

7) That house is bigger than yours. I'm seeing it right now.

_____

8) I did show her already. I always wash my hair with this coconut shampoo.

_____

9) You sat down in front of the entire meeting and talked about your feelings as a father. You have to be proud.

_____

10) You are as pretty as Mary. You can win the contest easily.

_____

CAPÍTULO 7

SECCIÓN 1/SECTION 1

 7.1 Vocabulario/Vocabulary

Los Pasatiempos/Pastimes

El pool, el billar	*Pool*
El juego de bolos, boliche	*Bowling*
Acampar	*To go camping*
El campamento	*Camping*
Los juegos de cartas	*Card games*
Los juegos de mesa	*Board games*
El juego de damas	*Checkers*
El ajedrez	*Chess*
Escalar	*To climb*
El crucigrama	*Crossword puzzle*
El ciclismo	*Cycling*
El baile	*Dancing*
Los dardos	*Darts*
Los dados	*Dice*
El dominó	*Dominoes*
El dibujo	*Drawing*
El bordado	*Embroidery*
Bordar	*To embroider*
La pesca	*Fishing*
La jardinería	*Gardening*
El senderismo	*Hiking*
El rompecabezas	*Jigsaw puzzle*
El tejido	*Knitting*
El juego de bolitas, las canicas	*Marbles*
El montañismo	*Mountaineering*
La pintura	*Painting*
El paracaidismo	*Parachuting*

La fotografía   Photography
La lectura   Reading
El esculpido   Sculpture
La costura   Sewing
El canto   Singing
El patinaje   Skating
El esquí   Skiing
Los videojuegos   Video games
El yoga   Yoga

 ## Ejercicio 1/Exercise 1

Escribe el pasatiempo de la imagen./Write the pastime of the image.

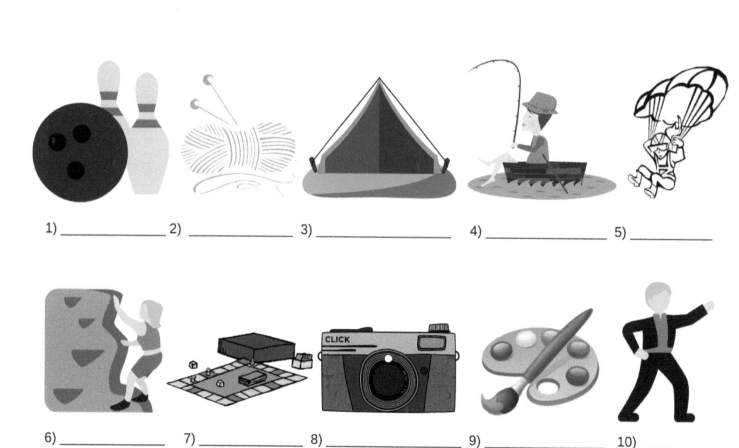

1) _____ 2) _____ 3) _____ 4) _____ 5) _____

6) _____ 7) _____ 8) _____ 9) _____ 10) _____

Ejercicio 2/Exercise 2

Escribe un texto contando lo que te gusta hacer y nombrando tus pasatiempos favoritos (al menos 5)./Write a text telling what do you like to do and naming your favorite pastimes (at least 5).

_____

_____

_____

_____

_____

_____

_____

_____

_____

SECCIÓN 2/SECTION 2

7.2 Lectura/Reading

Mis Pasatiempos

Soy una estudiante universitaria y como cualquier otra chica de mi edad me gusta salir y tener una buena conversación con alguien, ir a la universidad y adentrarme más en mi carrera. Pero cuando no estoy haciendo eso ni me encuentro con mi familia ni mis amigos, me gusta pasar mi tiempo libre así:

Me gusta ver películas románticas, sobre todo si es de los años 40 o 50 porque me fascina ver el formato de la película, además la belleza en esa época me inspira. También la comedia, suspenso, terror y con finales tristes me gustan mucho.

Me encanta echarme una pequeña siesta de 1 hora (cuando puedo darme el lujo). También sueño despierta. Amo escuchar música, sé que toda la vida podré estar horas escuchando música sin que me moleste. Escucho desde pop hasta reggae, sobre todo en inglés.

Me encanta juntarme con mis amigos los fines de semana y hacer largas sesiones de distintos juegos de mesa. También me encanta jugar juegos de cartas, como Truco, La Podrida o La Canasta. Un amigo siempre quiere jugar al ajedrez, pero a mi me aburre.

Me encanta ir al gimnasio y levantar pesos e ir a las clases de spinning. Amo leer, sobre todo novelas, de superación personal, poemas y libros relacionados con mi carrera. También me gusta crear cuentos en mi cabeza.

Amo patinar por toda la ciudad, aunque mi ciudad no se caracteriza por tener las calles más lisas pero eso no me impide hacerlo.

Me gusta comer de una manera inexplicable, innecesaria e inevitablemente todo, especialmente si se trata de pasteles, galletas o cualquier tipo de postre que sea crujiente, cremoso, dulce y sabroso. ¿Y a ti qué te gusta hacer en tu tiempo libre?

 Ejercicio 1/Exercise 1

Preguntas de Comprensión/Comprehension Questions

1) ¿Quién es ella y qué hace?

_____

_____

2) ¿Qué le gusta ver?

_____

_____

3) ¿Cómo pasa los fines de semana?

_____

_____

4) ¿Qué otros pasatiempos tiene?

_____

_____

5) ¿Cómo come?

_____

_____

SECCIÓN 3/SECTION 3

 7.3 Gramática/Grammar

Practica El Pretérito/Practice The Preterite

Ejercicio 1/Exercise 1

Completa los espacios con la correcta conjugación del pretérito./Complete the blanks with the correct conjugation of the preterite.

Mafalda es un entrañable personaje argentino de tiras cómicas. Su creador es Joaquín Salvador Lavado, conocido como Quino, que 1) (nacer) _____ en Mendoza, Argentina en el año 1932.

Mafalda 2) (representar) _____ el inconformismo de la humanidad, pero con fe en su generación. 3) (Criticar) _____ duramente la política, la injusticia, la guerra, las armas nucleares, el racismo, las absurdas convenciones de los adultos y, claro, la sopa.

Mafalda 4) (nacer) _____ en el año 1958 en Argentina. Su papá, corredor de seguros, y su mamá, ama de casa, 5) (conocerse) _____ en la facultad. Cuando 6) (casarse) _____, 7) ella (abandonar) _____ los estudios.

Quino la 8) (llamar) _____ Mafalda en homenaje a un libro del escritor David Viñas. El 22 de septiembre de 1964 9) (aparecer) _____ la primera tira de Mafalda en la revista Primera Plana. Y a partir de marzo de 1965 Mafalda 10) (publicarse) _____ en el diario El Mundo. Es aquí donde 11) (ganar) _____ mayor éxito y 12) (comenzar) _____ a aparecer diariamente.

Mafalda 13) (empezar) _____ la escuela a la edad de 5 años. El 21 de marzo de 1968 14) (nacer) _____ Guille, el hermanito de Mafalda.

Las historias de Mafalda las 15) (escribir) _____ en 26 idiomas y sus libros 16) (vender) _____ más de 20 millones de ejemplares.

El 25 de junio de 1973, Mafalda 17) (despedirse) _____ de los lectores, el año en que Perón 18) (volver) _____ de su exilio en Madrid y 19) (ganar) _____ otra vez como presidente.

Ejercicio 2/Exercise 2

Escribe 5 frases para comparar la historia de Mafalda y la tuya./Write 5 sentences to compare Mafalda's history and yours.

Example: Mafalda nació en el año 1958. Yo nací en el año 1987.

_____

_____

_____

_____

_____

Ejercicio 3/Exercise 3

Conjuga cada verbo en el pretérito y escribe 3 frases para cada verbo./Conjugate each verb in the preterite and write 3 sentences for each verb.

NACER (to be born)

1era. persona singular	Yo	A)
2nda. persona singular	Tú	B)
3era. persona singular	Él/ella/usted	C)
1era. persona plural	Nosotros/nosotras	D)
2nda. persona plural	Vosotros/vosotras	E)
3era. persona plural	Ellos/ellas/ustedes	F)

1) _____

2) _____

3) _____

DOLER (to hurt)

1era. persona singular	Yo	A)
2nda. persona singular	Tú	B)
3era. persona singular	Él/ella/usted	C)
1era. persona plural	Nosotros/nosotras	D)
2nda. persona plural	Vosotros/vosotras	E)
3era. persona plural	Ellos/ellas/ustedes	F)

1) _____

2) _____

3) _____

TORCERSE (to twist)

1era. persona singular	Yo	A)
2nda. persona singular	Tú	B)
3era. persona singular	Él/ella/usted	C)
1era. persona plural	Nosotros/nosotras	D)
2nda. persona plural	Vosotros/vosotras	E)
3era. persona plural	Ellos/ellas/ustedes	F)

1) _____

2) _____

3) _____

ROMPER (to break)

1era. persona singular	Yo	A)
2nda. persona singular	Tú	B)
3era. persona singular	Él/ella/usted	C)
1era. persona plural	Nosotros/nosotras	D)
2nda. persona plural	Vosotros/vosotras	E)
3era. persona plural	Ellos/ellas/ustedes	F)

1) _____

2) _____

3) _____

SECCIÓN 4/SECTION 4

 7.4 Gramática/Grammar

Practica Los Tiempos Verbales/Practice The Tenses

 Ejercicio 1/Exercise 1

Conjuga cada verbo en el tiempo escrito ahí y escribe 2 frases para cada verbo usando el vocabulario de pasatiempo./Conjugate each verb in the tense written there and write 2 sentences for each verb using pastime vocabulary.

ABANDONAR (to abandon) - future

1era. persona singular	Yo	A)
2nda. persona singular	Tú	B)
3era. persona singular	Él/ella/usted	C)
1era. persona plural	Nosotros/nosotras	D)
2nda. persona plural	Vosotros/vosotras	E)
3era. persona plural	Ellos/ellas/ustedes	F)

1) _____

2) _____

CANCELAR (to cancel) - preterite

1era. persona singular	Yo	A)
2nda. persona singular	Tú	B)
3era. persona singular	Él/ella/usted	C)
1era. persona plural	Nosotros/nosotras	D)
2nda. persona plural	Vosotros/vosotras	E)
3era. persona plural	Ellos/ellas/ustedes	F)

1) _____

2) _____

CONSEGUIR (to get) - future

1era. persona singular	Yo	A)
2nda. persona singular	Tú	B)
3era. persona singular	Él/ella/usted	C)
1era. persona plural	Nosotros/nosotras	D)
2nda. persona plural	Vosotros/vosotras	E)
3era. persona plural	Ellos/ellas/ustedes	F)

1) _____

2) _____

FESTEJAR (to celebrate) - future

1era. persona singular	Yo	A)
2nda. persona singular	Tú	B)
3era. persona singular	Él/ella/usted	C)
1era. persona plural	Nosotros/nosotras	D)
2nda. persona plural	Vosotros/vosotras	E)
3era. persona plural	Ellos/ellas/ustedes	F)

1) _____

2) _____

DECIDIRSE (to decide) - preterite

1era. persona singular	Yo	A)
2nda. persona singular	Tú	B)
3era. persona singular	Él/ella/usted	C)
1era. persona plural	Nosotros/nosotras	D)
2nda. persona plural	Vosotros/vosotras	E)
3era. persona plural	Ellos/ellas/ustedes	F)

1) _____

2) _____

LLENAR (to fill) - preterite

1era. persona singular	Yo	A)
2nda. persona singular	Tú	B)
3era. persona singular	Él/ella/usted	C)
1era. persona plural	Nosotros/nosotras	D)
2nda. persona plural	Vosotros/vosotras	E)
3era. persona plural	Ellos/ellas/ustedes	F)

1) _____

2) _____

 7.5 Gramática/Grammar

Practica Los Verbos Reflexivos/Practice Reflexive Verbs

Ejercicio 1/Exercise 1

Completa los espacios con los verbos reflexivos correctos./Complete the spaces with the correct reflexive verbs.

1) Yo ___ _____ todas las noches.	2) ¿Con qué frecuencia tú ___ _____?	3) Ester ___ _____ en el espejo.
4) Nosotros ___ _____ un sombrero porque hace fresco hoy.	5) Yo ___ _____ antes de vestirme.	6) ¿A qué hora tú ___ _____?
7) La chica ___ _____ con una toalla.	8) María ___ _____ porque tiene una cita *(date)*.	9) Pedro ___ _____ en la silla.
10) Eduardo ___ _____ una corbata de seda.	11) Gabriela ___ _____.	12) ¿Uds. ___ _____ con Colgate o con Crest?

SECCIÓN 5/SECTION 5

 7.6 Rola Respuesta Rápida

El Gran Repaso/The Great Review

In this section, you will work on putting the things that you have learned together.

 Ejercicio 1/Exercise 1

Conjuga en el futuro y traduce a español usando el verbo "escalar."/Conjugate in the future and translate to Spanish using the verb "escalar."

¿Qué escalarás?/What will you climb?

Yo	A)		La montaña	*The mountain*
Tú	B)		El muro	*The wall*
Él, Ella, Usted	C)		Un árbol	*A tree*
Nosotros, Nosotras	D)		La escalera	*The ladder*
Vosotros, Vosotras	E)		La torre	*The tower*
Ellos, Ellas, Ustedes	F)		Con mis amigos	*With my friends*

1) She will climb the mountain. _____

2) We will climb the tower. _____

3) I will climb with my friends. _____

4) You all will climb a tree. _____

5) They will climb the ladder. _____

6) He will climb the wall. _____

 Ejercicio 2/Exercise 2

Conjuga en el futuro y traduce a español usando el verbo "jugar."/Conjugate in the future and translate to Spanish using the verb "jugar."

¿A qué jugarás?/What will you play?

Yo	A)		Al ajedrez	*Chess*
Tú	B)		A los dardos	*Darts*
Él, Ella, Usted	C)		A los dados	*Dice*
Nosotros, Nosotras	D)		Al dominó	*Dominoes*
Vosotros, Vosotras	E)		A las bolitas	*Marbles*
Ellos, Ellas, Ustedes	F)		A las damas	*Checkers*

1) You all (Spain, feminine) will play chess. _____

2) My teacher will not play darts. _____

3) We will play checkers. _____

4) They will play dominoes. _____

5) Will you (formal) play dice? _____

6) They (feminine) will play marbles. _____

Ejercicio 3/Exercise 3

Conjuga en el futuro y traduce a español usando el verbo "caminar."/Conjugate in the future and translate to Spanish using the verb "caminar."

¿Dónde caminarás?/Where will you walk?

Yo	A)	En la granja	*On the farm*
Tú	B)	A la huerta	*To the orchard*
Él, Ella, Usted	C)	En el bosque	*In the forest*
Nosotros, Nosotras	D)	A la montaña	*To the mountain*
Vosotros, Vosotras	E)	Por el río	*By the river*
Ellos, Ellas, Ustedes	F)	En el valle	*In the valley*

1) He will walk on the farm. _____

2) They will not walk in the forest. _____

3) We will walk in the valley. _____

4) I will walk to the orchard. _____

5) You all will walk by the river. _____

6) You all (Spain, feminine) will walk to the mountain. _____

Ejercicio 4/Exercise 4

Traduce las frases a español con la forma correcta del pretérito./Translate these sentences to Spanish with the correct form of the preterite.

1) After the long trip, Carmen and I slept twelve hours straight until the next day.

_____

2) Oh, hi honey. Did you ask Monica for the book last week?

_____

3) Last Friday after dinner, we felt really bad. We had stomach pain.

_____

4) They went to bed really early last night, so they rested a lot.

_____

5) I didn't like the movie at all. I don't like violent movies.

_____

6) Ernesto and I escaped from the stress of the city, and enjoyed a beautiful weekend in the country.

_____

7) So, did everything fit in that car? It's fairly small.

_____

8) In January I bought a car. In June I sold it.

_____

9) Last Tuesday we traveled to London. On Friday we visited the Tate Gallery.

_____

10) In March I moved to the city. In November you moved with me.

_____

Ejercicio 5/Exercise 5

Escribe 6 frases con estos verbos reflexivos./Write 6 sentences with these reflexive verbs.

ABRIGARSE (to bundle up) - ARREGLARSE (to get ready) - CALLARSE (to shut up) - CORTARSE (to cut) - MAQUILLARSE (to make up) - RASCARSE (to scratch)

_____

_____

_____

_____

_____

CLAVE DE RESPUESTAS / ANSWER KEY

1. Capítulo 1/Chapter 1

1.1 Vocabulario: La Ropa

Ejercicio 1/Exercise 1 (pp. 1)

1. La falda
2. El calcetín/La media
3. El smoking
4. Las botas
5. El sombrero
6. La sandalia
7. El pantalón vaquero/el jean/el pantalón
8. La chaqueta
9. El cestido
10. La camisa

Ejercicio 2/Exercise 2 (pp. 2)

1. Mi madre lo está comprando para el colegio.
2. Las estoy mirando en la vidriera.
3. Augustina se la está poniendo.
4. Francisco y Gonzalo los están haciendo.
5. Las estamos comprando para el verano.
6. Las estás secando porque están mojadas.
7. Ella lo está luciendo.
8. Yo me lo estoy poniendo para trabajar en la cocina.
9. Uds. los están comprando para la fiesta.
10. En el desfile tú las estás mirando.

Ejercicio 3/Exercise 3 (pp. 3)

Answers will vary.

1.2 Lectura: En El Hotel

Ejercicio 1/Exercise 1 (pp. 4)

1. La recepcionista lleva una chaqueta azul, una falda hasta la rodilla, y unos zapatos de taco.
2. En el avión se le cayó el café sobre su camisa blanca.
3. La recepcionista le dijo que él tiene una reservación por una habitación individual pero él reservó una habitación doble.
4. Ellos tienen la habitación número 503. Ellos pueden usarla en 20 minutos.
5. Los, les, le, le, lo, le, la, le, le, la

1.3 Gramática: Los Verbos Reflexivos

Ejercicio 1/Exercise 1 (pp. 6)

1. Me duermo

2. Se llama
3. Nos vestimos
4. Irme
5. Se casan
6. Te secas ducharte
7. Me acuesto

Ejercicio 2/Exercise 2 (pp. 6)

1. Él se afeita todas las mañanas después de ducharse.
2. Los niños se despiertan a las 8 de la mañana.
3. Tú te acuestas temprano por la noche.
4. Me preocupa el futuro de nuestro mundo.
5. Ella se viste para ir a trabajar.
6. Me llamo Gustavo.
7. Nos dormimos al mismo tiempo.
8. Él se quita el abrigo.
9. Ellos se enferman cada invierno.
10. Me cepillo los dientes y me peino.
11. Mercedes se mira en el espejo.

Ejercicio 3/Exercise 3 (pp. 6)

1. C, D
2. B
3. A, D
4. B, C
5. B, C
6. A, D

Ejercicio 4/Exercise 4 (pp. 7)

1. Me ducho
2. Te levantas
3. Se concentra
4. Nos acostamos
5. Os laváis
6. Se quedan
7. Se sienten
8. Te vas
9. Se enamora
10. Se duerme
11. Nos concentramos
12. Se casa
13. Se atreven
14. Se aleja
15. Os afeitáis

CLAVE DE RESPUESTAS / ANSWER KEY

Ejercicio 5/Exercise 5 (pp. 7)

Answers will vary.

1.4 Gramática: Comparativos y Superlativos

Ejercicio 1/Exercise 1 (pp.9)

1. Tan alta
2. Más caliente
3. Tan frío
4. Más inteligente
5. La más baja
6. Los más altos
7. Más dulce
8. Más ancha
9. La mejor
10. La peor

Ejercicio 2/Exercise 2 (pp. 10)

1. El invierno es más frío que el verano.
2. Silvia tiene menos zapatos que Adriana.
3. Eres tan inteligente como ella.
4. Ricardo baila más que Felipe.
5. Nuestro profesor tiene menos dinero que Bill Gates.
6. Juego al fútbol tan bien como Javier.
7. Marta es tan perezosa como Victoria.
8. La Ciudad de México es más grande que Buenos Aires.

Ejercicio 3/Exercise 3 (pp. 10)

1. Más Que
2. Tan bien como
3. Tantos Como
4. Más Que
5. Tanto como
6. Mayor que
7. Más atentivamente que
8. Mejor que
9. Tanta Como
10. Peor que
11. Menores que
12. Tanto como

Ejercicio 4/Exercise 4 (pp. 11)

1. Emilio es el chico más alto de la escuela.
2. Las manzanas son las frutas más sabrosas del mundo.
3. Esta casa es la más bonita de todas.
4. Este hotel es muy muy elegante.
5. El Sr. Gómez es el hombre más importante de la 6. ciudad.
6. El azúcar es el producto más importante de Cuba.
7. María es la muchacha más amable.
8. Juan es el menos trabajador de todos.
9. La cocina es el cuarto más grande de la casa.
10. "Mate" es la bebida más popular de Argentina.

1.5 Gramática: Las Palabras Negativas

Ejercicio 1/Exercise 1 (pp.13)

1. Nada
2. Nadie
3. Nada
4. Nadie
5. Tampoco

Ejercicio 2/Exercise 2 (pp. 13)

1. Sara baila y canta muy mal.
2. El árbol ya no tiene hojas.
3. El hombre de seguridad no está vigilando nunca.
4. No tengo ninguna amiga.
5. No hay nada de carne en el supermercado.
6. No veo a nadie en la casa.

Ejercicio 3/Exercise 3 (pp. 14)

Answers will vary.

1.6 Rola Respuesta Rápida

Ejercicio 1/Exercise 1 (pp. 14)

1. Yo traigo la comida.
2. Tú no traes los vinos, tú traes el postre.
3. Ella trae las revistas.
4. Todos ellos no traen la música.
5. Usted trae las flores.
6. Él trae los vinos.
7. Yo no traigo las revistas.
8. Ellos traen comida.
9. Yo traigo postre.

Ejercicio 2/Exercise 2 (pp. 15)

1. Me caigo de la cama.
2. Tú no te caes de la mesa.
3. Ella se cae de la silla.
4. Ellos se caen del escenario.
5. Tú nunca te caes en el piso.
6. Él se cae de la silla.
7. Nosotros nos caemos del escenario.

CLAVE DE RESPUESTAS / ANSWER KEY

8. Me caigo en la ducha.

9. Ellos se caen de la cama.

10. Me caigo en el piso.

Ejercicio 3/Exercise 3 (pp. 16)

1. Me pongo el traje.

2. Te pones la falda.

3. Ella se pone el camisón.

4. Ellos no se ponen sombreros.

5. Vosotros os ponéis botas.

6. Él se pone pantalones.

7. Nosotros nos ponemos trajes.

8. Me pongo el sombrero.

9. Ellos se ponen pantalones.

10. Me pongo la falda.

Ejercicio 4/Exercise 4 (pp. 17)

Answers may vary.

2. Capítulo 2/Chapter 2

2.1 Vocabulario: Las Tareas del Hogar

Ejercicio 1/Exercise 1 (pp. 20)

1. C

2. F

3. J

4. A

5. I

6. D

7. G

8. H

9. B

10. E

Ejercicio 2/Exercise 2 (pp. 20)

Answers will vary.

2.2 Lectura: El Que No Hace Tareas

Ejercicio 1/Exercise 1 (pp.21-22)

1. Hugo no quiere hacer la cama. Tampoco quiere ordenar su ropa, ni sus juguetes, ni ayudar a poner y quitar la mesa.

2. La madre cae enferma de cansancio y se tiene que quedar en cama.

3. Hugo tiene que ayudar a su padre. A Hugo no le queda más remedio que hacer su cama, recoger su ropa y sus juguetes y limpiar su habitación.

4. El papá cocina sin parar para todos, da de comer al perro, lava y plancha la ropa, limpia los pisos y hace la cama.

5. La madre se mejora y está contenta porque al final pueden organizarse sin ella.

2.3 Gramática: Los Pronombres Posesivos

Ejercicio 1/Exercise 1 (pp. 23)

1. Mío

2. Mía

3. Suyos

4. Suya

5. Nuestros

6. Suyos

7. Suyos

Ejercicio 2/Exercise 2 (pp. 23-24)

1. No me gustan esas botas suyas.

2. ¡No! ¡Para! ¡Policía! Ese coche es nuestro.

3. La ropa sucia que está haciendo mi padre es mía.

4. Este país suyo es extraordinario.

5. Las mejores ideas para este proyecto son suyas.

6. Yo recuerdo que estos libros son tuyos, Claudio.

7. Esas camisetas en la lavadora son vuestras.

8. Las llaves que tú estás buscando son mías.

9. Los paraguas rojos son nuestros.

10. La plancha encima de la mesa es suya.

Exercise 3/Ejercicio 3 (pp. 24)

1. Su suya

2. Mi mía

3. Su suyo

4. Tus tuyos

5. Vuestras vuestras

6. Nuestro nuestro

7. Su   suyo

8. Nuestros   nuestros

9. Sus suyos

10. Vuestros   vuestros

Exercise 4/Ejercicio 4 (pp. 25)

1. Luis tiene un salón grande. / Su salón es grande. / El suyo es grande.

CLAVE DE RESPUESTAS / ANSWER KEY

2. Yo tengo una nueva bicicleta rosada. / Mi nueva bicicleta es rosada. / La mía es rosada.

3. Tú tienes un apartamento muy, muy pequeño. / Tu apartamento es muy, muy pequeño. / El tuyo es muy, muy pequeño.

4. Los Lopez tienen un perro grande. / Su perro es grande. / El suyo es grande.

5. Esos son nuestros libros interesantes. / Esos libros interesantes son nuestros. / Los nuestros son interesantes.

6. (Ese es el coche lujoso de Ud.) / Ese es su coche lujoso. / Ese coche lujoso es suyo.

7. Tú tienes padres tan simpáticos. / Tus padres son tan simpáticos. / Los tuyos son tan simpáticos.

8. Vosotros tenéis niños adorables. / Vuestros niños son adorables. / Los vuestros son adorables.

9. Nosotros tenemos habitaciones muy soleadas. / Nuestras habitaciones son muy soleadas. / Las nuestras son muy soleadas.

10. Aquella es la casa de John. / Aquella es su casa. / Aquella es la suya.

Ejercicio 5/Exercise 5 (pp. 25)
1. Nuestras
2. Nuestros
3. Suya
4. Mis
5. Nuestro
6. Suyo
7. Mi
8. Nuestra
9. Nuestros
10. Nuestras
11. Nuestros
12. Suyos
13. Nuestros

2.4 Vocabulario: La Cocina y El Comedor
Ejercicio 1/Exercise 1 (pp.27)
1. El microondas
2. La tostadora
3. El sartén
4. El horno
5. La nevera, la heladera
6. La batidora

7. El fregadero
8. La mesa
9. Los cubiertos
10. La taza
11. La olla
12. La silla

Ejercicio 2/Exercise 2 (pp. 27)
1. D
2. E
3. F
4. A
5. C
6. B

Ejercicio 3/Exercise 3 (pp. 28)
Answers will vary.

Ejercicio 4/Exercise 4 (pp. 28)
Answers will vary.

2.5 Gramática: Las Expresiones De Futuro
Ejercicio 1/Exercise 1 (pp. 29)
Answers will vary.

2.6 Gramática: Los Adjetivos Que Cambian Con Su Colocación
Ejercicio 1/Exercise 1 (pp. 31)
1. B
2. A
3. B
4. A
5. B
6. A
7. B
8. A
9. A
10. A

Ejercicio 2/Exercise 2 (pp. 31)
1. Ella es mi vieja jefa.
2. Vamos a mirar la nueva película.
3. Mi amigo es un chico triste.
4. Ella quiere mostrarnos su propio dormitorio.
5. Es un pobre gato.

2.7 Rola Respuesta Rápida
Ejercicio 1/Exercise 1 (pp. 32)
1. Yo hiervo agua.
2. ¿Por qué no hierves tú los vegetales?

CLAVE DE RESPUESTAS / ANSWER KEY

3. Ella hierve el pollo.

4. Ellos hierven el aceite.

5. Usted no hierve la carne.

6. Él hierve las papas.

7. Nosotros hervimos los vegetales.

8. Yo no hiervo el pollo.

9. Ellos hierven el aceite.

10. Vosotras hervís la carne.

Ejercicio 2/Exercise 2 (pp. 33)

1. Yo doy de comer al perro.

2. Tú das de comer a los peces.

3. Ella da de comer a las ardillas.

4. ¿Por qué no dan de comer (ellos) a los pájaros?

5. Usted da de comer a los gatos.

6. Él da de comer a los perros.

7. Nosotros damos de comer a los animales.

8. Yo no doy de comer al pez.

9. Ellos dan de comer a una ardilla.

10. Ustedes dan de comer a los animales.

Ejercicio 3/Exercise 3 (pp. 33)

1. Yo quemo mi pelo.

2. Tú quemas el pan.

3. Él quema la cocina.

4. Vosotros quemáis la sartén.

5. Nosotros quemamos la carne.

6. Ella quema la olla.

7. Ellos queman su pelo.

8. Yo no quemo el pan.

9. Ella no quema la cocina.

10. Ustedes queman la sartén.

3. Capítulo 3/Chapter 3

3.1 Vocabulario: El Salón y La Habitación

Ejercicio 1/Exercise 1 (pp.36)

1. El teléfono

2. La escalera

3. La mecedora

4. El espejo

5. La lámpara

6. La almohada

7. El reloj despertador

8. La mesita de noche

9. La cama

10. El sillón

11. La chimenea

12. El armario

13. La cómoda

Ejercicio 2/Exercise 2 (pp.37)

Answers will vary.

Ejercicio 3/Exercise 3 (pp.37)

Answers will vary.

3.2. Lectura: Casas

Ejercicio 1/Exercise 1 (pp.38)

1. Cada casa tiene su propia alma.

2. Podemos encontrar casas pequeñas de corazón grande, casas abandonadas que aún sostienen un látido, casas que se llenan de color y otras que están apagadas de emoción.

3. Las casas rodantes van y vienen, frente a otras cosas parecen detenidas en el tiempo.

4. Armario, biblioteca, sofá, cama, espejos, alfombra, escalera

5. La casa de cada uno es la más especial porque contiene su esencia, su sello y, por supuesto, en cada rincón está su personalidad.

3.3. Gramática: El Futuro Simple

Ejercicio 1/Exercise 1 (pp. 39-41)

1. Hablaré Hablarás Hablará Hablaremos Hablaréis Hablarán

2. Cantaré Cantarás Cantará Cantaremos Cantaréis Cantarán

3. Respiré Respirás Respirá Respiremos Respiréis Respirán

4. Estaré Estarás Estará Estaremos Estaréis Estarán

5. Tomaré Tomarás Tomará Tomaremos Tomaréis Tomarán

6. Saltaré Saltarás Saltará Saltaremos Saltaréis Saltarán

Ejercicio 2/Exercise 2 (pp. 42)

1. Me bañaré

2. Festejarán

CLAVE DE RESPUESTAS / ANSWER KEY

3. Necesitaréis

4. Hablarás

5. Caminará

6. Miraremos

7. Buscará

8. Me ducharé

9. Cerrarán

10. Empezaremos

11. Comprarás

12. Practicaré

Ejercicio 3/Exercise 3 (pp.42)

1) Yo hablaré con el profesor mañana por la tarde.

2) Ella comprará una casa nueva el año que viene.

3) Ellos llegarán a tu casa mañana a las 10:30 de la noche.

4) ¿Cuánto dinero necesitarás para comprar el coche?

5) Nos quedaremos de vacaciones en una casa playera.

6) No nevará nunca en Cancún.

7) ¿A qué hora comenzará la película?

8) Te daré dinero si haces la cama.

9) Ella firmará el contrato la semana que viene.

10) Ellos encontrarán tu perro, no te preocupes.

Ejercicio 4/Exercise 4 (pp.43)

Answers will vary.

3.4 Gramática: Los Pronombres Demostrativos

Ejercicio 1/Exercise 1 (pp.45)

1. Aquellos

2. Esta

3. Esos

4. Este

5. Eso

6. Ese Este

7. Esto

Ejercicio 2/Exercise 2 (pp. 45)

1. Este bolígrafo

2. Este libro

3. Estas lámparas

4. Estos sofás

5. Esas alfombras

6. Esa cama

7. Esos edificios

8. Esa almohada

9. Aquellas casas

10. Aquel teléfono

11. Aquella cocina

12. Aquellos relojes

13. Ese libro es mío pero aquel es tuyo.

14. Estas revistas son mías pero aquellas son suyas.

15. Este colchón es mío pero ese es suyo.

16. Esta mesa es mía pero esa es suya.

Ejercicio 3/Exercise 3 (pp. 46)

1. Esos

2. Esta

3. Aquel

4. Estos

5. Aquella

6. Esas

7. Aquellas

8. Esta

9. Estos

10. Aquel

3.5. Rola Respuesta Rápida

Ejercicio 1/Exercise 1 (pp.46)

1. Yo llegaré a casa.

2. ¿Cuándo llegarás tú al trabajo?

3. Ella llegará a la disco.

4. Ellos llegarán a la fiesta.

5. Usted llegará de las vacaciones.

6. Él llegará al teatro.

7. Nosotros llegaremos a tu casa.

8. Yo no llegaré de las vacaciones.

9. Ellos llegarán a la disco.

10. Tú llegarás al trabajo.

Ejercicio 2/Exercise 2 (pp.47)

Answers will vary.

Ejercicio 3/Exercise 3 (pp.47-48)

1. Yo limpiaré el baño después de mirar el programa.

2. Ella cortará el césped después de despertarse.

3. Pablo y Raúl cocinarán la cena para todos esta noche.

4. ¿Por qué no secarás tú los platos?

5. Ustedes cuidarán a los niños mañana por la tarde.

CLAVE DE RESPUESTAS / ANSWER KEY

6. Nosotros no aspiraremos la alfombra hoy porque estamos cansados.

7. Yo arreglaré el lavaplatos para poder usarlo de nuevo.

8. Él quitará la mesa después de comer.

9. Ellos limpiarán la casa después de la fiesta.

10. Tú regarás las plantas en el balcón esta tarde.

4. Capítulo 4/Chapter 4
4.1 Vocabulario: El Baño
Ejercicio 1/Exercise 1 (pp. 50)

1. El inodoro
2. La toalla
3. El grifo
4. El cepillo de dientes
5. La esponja
6. La ducha
7. El peine
8. El papel higiénico

Ejercicio 2/Exercise 2 (pp. 50)
Answers will vary.

Ejercicio 3/Exercise 3 (pp. 51)
Answers will vary.

4.2 Lectura: El Baño Diario
Ejercicio 1/Exercise 1 (pp. 52)

1. Los sábados, la familia se baña a las diez, después de dar un paseo.
2. El cepillo está lleno de pasta de dientes y la pasta se queda aliviada ya que por esta mañana es suficiente. El cepillo y la pasta de dientes
3. descansan mientras el champú y el jabón esperan su turno.
4. El champú lava cuidadosamente la cabeza, entrando por cada pelo, y dejándolo sedoso y brillante. El jabón se dedica rigurosamente a lavar y limpiar. Cuando termina su trabajo se echa en la jabonera y se siente feliz después de ese gran baño.
5. Es importante porque el baño sirve para eliminar células muertas que ya no protegen la piel y el pelo.
6. Se levanta, le, se va, se remojarán, estará pensando, se levanta, darse, se bañan, despertarse, empezará, se queda, se está llenando, lo, le, se dedica, se echa, se siente, descansaremos, lo

4.3 Gramática: El Futuro Simple (Continuado)
Ejercicio 1/Exercise 1 (pp. 53-55)

Ir: A) Iré B) Irás C) Irá D) Iremos E) Iréis F) Irán

Correr: A) Correré B) Correrás C) Correrá D) Correremos E) Corréis F) Corrán

Mover: A) Moveré B) Moverás C) Moverá D) Moveremos E) Moveréis F) Moverán

Escribir: A) Escribiré B) Escribirás C) Escribirá D) Escribiremos E) Escribiréis F) Escribirán

Poner: A) Pondré B) Pondrás C) Pondrá D) Pondremos E) Pondréis F) Pondrán

Perder: A) Perderé B) Perderás C) Perderá D) Perderemos E) Perderéis F) Perderán

Ejercicio 2/Exercise 2 (pp. 55)

1. Iré
2. Vivirán
3. Comeréis
4. Será
5. Correrá
6. Haremos
7. Abrirá
8. Caerás
9. Pedirán
10. Conducirá
11. Dormiremos
12. Leeré

Ejercicio 3/Exercise 3 (pp. 56)

1. Él dormirá hasta mañana por la tarde.
2. ¿A qué hora irás a la graduación?
3. María no quiere prestar su ropa porque ella sabe que la perderá.
4. Ellos asistirán a la obra en la que estás actuando el viernes.
5. Yo aprenderé español el próximo año.
6. En el teatro nosotros te aplaudiremos.
7. Mi padre no creerá que yo hago ejercicio todos los días de la semana.
8. Tú recibirás un regalo grande para tu cumpleaños.
9. Ella subirá la montaña más alta el próximo mes.
10. Yo romperé el pacto de estudiar todos los días.

4.4 Gramática: El Futuro: Verbos Irregulares
Ejercicio 1/Exercise 1 (pp. 57-58)

Poder: A) Podré B) Podrás C) Podrá D) Podremos E) Podréis F) Podrán

Saber: A) Sabré B) Sabrás C) Sabrá D) Sabremos E) Sabréis F) Sabrán

CLAVE DE RESPUESTAS / ANSWER KEY

Caber: A) Cabré B) Cabrás C) Cabrá D) Cabremos E) Cabréis F) Cabrán

Querer: A) Querré B) Querrás C) Querrá D) Querremos E) Querréis F) Querrán

Ejercicio 2/Exercise 2 (pp. 58)

1. Cabrán
2. Sabremos
3. Podré
4. Habrás
5. Podréis
6. Querremos
7. Sabrá
8. Habremos
9. Querré
10. Cabrá

Ejercicio 3/Exercise 3 (pp. 59)

1. Ellos podrán leer toda la noche en el tren.
2. Él no cabrá en esos pantalones, son pequeñísimos.
3. Yo querré ver la película el domingo por la tarde.
4. Tú sabrás exactamente de qué se trata todo esto.
5. Nora y yo podremos irnos de vacaciones el próximo mes.
6. Es imposible. Ellos no querrán ir a esa reunión.

4.5 Rola Respuesta Rápida

Ejercicio 1/Exercise 1 (pp.59-60)

Conjugation: Dormiré, dormirás, dormirá, dormiréis, dormiremos, dormirán

1. Yo dormiré en el jardín.
2. ¿Por qué no dormirás tú por la tarde?
3. Ella dormirá en el crucero.
4. Marcos y Marina dormirán en la cárcel.
5. Usted dormirá a las 10 de la mañana.
6. Él dormirá a las 11 de la noche.

Ejercicio 2/Exercise 2 (pp. 60)

Conjugation: Me bañaré, te lavarás, se bañará, nos lavaremos, os bañaréis, se lavarán

1. Me bañaré en la ducha.
2. Te lavarás el pelo.
3. Carlos no se bañará en el baño.
4. Nos lavaremos el cuerpo.
5. Os bañaréis en el hotel.
6. No se lavarán los pies.

Ejercicio 3/Exercise 3 (pp. 61)

Answers will vary.

5. Capítulo 5/Chapter 5

5.1. Vocabulario: La Escuela

Ejercicio 1/Exercise 1 (pp. 64)

1. El cuaderno
2. Las lapiceras, los bolígrafos
3. La mochila
4. El pegamento
5. La tijera
6. El pizarrón
7. El globo terráqueo
8. El estuche
9. La goma de borrar
10. La tiza

Ejercicio 2/Exercise 2 (pp. 64)

Answers will vary.

Ejercicio 3/Exercise 3 (pp. 65)

1. Estuche
2. Pizarrón
3. Biblioteca
4. Cuaderno
5. Clase
6. Estudiantes
7. Mochila
8. Bolígrafo, lápiz
9. Maestro, profesor, director
10. Maestro, profesor
11. Marcadores, bolígrafos, lapiceras
12. *Answers will vary.*
13. Recreo

5.2 Lectura: El Primer Día de Escuela

Ejercicio 1/Exercise 1 (pp. 66)

1. Pablito está nervioso porque es su primer día en la escuela.
2. Cuando entra él ve muchos escritorios, sillas, libros, tizas, y un pizarrón.
3. La profesora es una señora muy guapa y ella les dice que ellos pueden pintar en sus cuadernos.
4. Pablito juega a los castillos con Claudia y otros dos niños.

CLAVE DE RESPUESTAS / ANSWER KEY

5.3 Gramática: El Futuro: Verbos Irregulares

Ejercicio 1/Exercise 1 (pp. 67-68)

Salir: A) Saldré B) Saldrás C) Saldrá D) Saldremos E) Saldréis F) Saldrán

Dar: A) Diré B) Dirás C) Dirá D) Diremos E) Diréis F) Dirán

Hacer: A) Haré B) Harás C) Hará D) Haremos E) Haréis F) Harán

Poner: A) Pondré B) Pondrás C) Pondrá D) Pondremos E) Pondréis F) Pondrán

Ejercicio 2/Exercise 2 (pp. 69)

1. Rehará
2. Diremos
3. Vendrán
4. Tendrás
5. Hará
6. Mantendrán
7. Obtendrá
8. Pondrás
9. Vendrán
10. Saldrá
11. Tendré
12. Valdrá

Ejercicio 3/Exercise 3 (pp. 69)

1. Él tendrá buenas notas en la universidad, él es muy inteligente.
2. Todos nosotros nos pondremos los impermeables para ir al parque infantil.
3. Me opondré a todas tus ideas de ciencia.
4. Ustedes se abstendrán del alcohol esta noche.
5. Ella rehará el examen el próximo año.
6. La policía detendrá al ladrón que está en mi jardín.
7. No mantendrás esas notas buenas con esa actitud.
8. ¿Dónde obtendrás tú suficiente dinero para comprar esa mochila hermosa?
9. No tendré mascotas en esta casa, es demasiado pequeña.
10. Ellos se abstendrán de comer.

5.4 Vocabulario: La Escuela (Continuado)

Ejercicio 1/Exercise 1 (pp. 71)

Answers will vary.

5.5 Gramática: El Pretérito: Los Verbos -AR

Ejercicio 1/Exercise 1 (pp. 73-74)

1. Amé Amaste Amó Amamos Amasteis Amaron
2. Canté Cantaste Cantó Cantamos Cantasteis Cantaron
3. Caminé Caminaste Caminó Caminamos Caminasteis Caminaron
4. Estudié Estudiaste Estudió Estudiamos Estudiasteis Estudiaron
5. Salté Saltaste Saltó Saltamos Saltasteis Saltaron
6. Miré Miraste Miró Miramos Mirasteis Miraron

Ejercicio 2/Exercise 2 (pp.75)

1. Caminé
2. Amó
3. Ayudamos
4. Bailaste
5. Enseñaron
6. Deseé
7. Firmasteis
8. Escucharon
9. Ganaste
10. Estudiaron

Ejercicio 3/Exercise 3 (pp.75-76)

1. Yo compré lápices, bolígrafos y un cuaderno para mi primer día de la escuela.
2. Tú estudiaste economía el año pasado en tu clase.
3. Ella trabajó por dos años en el jardín de infantes en esa calle.
4. Nosotros lavamos la ropa anoche.
5. Catalina y Lucía cantaron las canciones de Queen en el concierto de la escuela.
6. Vosotros bailasteis al ritmo del rock ayer.
7. Mis padres hablaron con el director en la reunión de la escuela.
8. Me duché esta tarde después de ir al gimnasio.
9. Él me enseñó todo lo que sé sobre matemática.
10. Nosotros jugamos con otros niños en el recreo.

CLAVE DE RESPUESTAS / ANSWER KEY

5.6. Rola Respuesta Rápida

Ejercicio 1/Exercise 1 (pp. 76)

Conjugation: Pregunté, preguntaste, preguntó, preguntamos, preguntasteis, preguntaron

1. Yo pregunté a la profesora.
2. ¿Por qué no preguntaste tú sobre el examen
3. Soledad preguntó a nuestros padres.
4. Ellas preguntaron sobre el recreo.
5. Ayer vosotros no le preguntasteis al director.
6. Nosotros le preguntamos a la profesora.

Ejercicio 2/Exercise 2 (pp. 77)

Conjugation: Visité, visitaste, visitó, visitamos, visitasteis, visitaron

1. Yo no visité el gimnasio.
2. Tú visitaste al abuelo.
3. Ella visitó la secundaria.
4. Santiago y yo visitamos a los amigos.
5. Vosotros no visitasteis el restaurante.
6. ¿Por qué visitaron ellos la clase?

Ejercicio 3/Exercise 3 (pp.77)

Answers will vary.

6. Capítulo 6/Chapter 6

6.1 Vocabulario: El Campo

Ejercicio 1/Exercise 1 (pp. 80)

1. Marcos trabajó en la granja con los animales por seis años.
2. Yo nadaré en el lago este verano.
3. La huerta está llena de papas, tomates y cebollas.
4. Los caballos están haciendo ruido en el establo.
5. Gloria es una granjera y trabaja en el campo todos los días.
6. Nosotros compramos comida y verduras en el mercado de agricultores.
7. Todos los domingos la gente del pueblo va a la iglesia.
8. La montaña es enorme; puedo verla desde aquí.

Ejercicio 2/Exercise 2 (pp. 80)

Answers will vary.

6.2. Lectura: Un Día en el Campo

Ejercicio 1/Exercise 1 (pp. 81-82)

1. Lucía y sus padres salieron al bosque para visitar la granja en el Pinar de Tamadaba.
2. Ellos visitaron la huerta, el establo de caballos y el campo (por tractor).
3. Ella quiso llevarse al caballo marrón con puntitas blancas pero no pudo porque es de su tío.
4. Pueden ver las montañas al fondo y un río que asoma.
5. Lo más divertido del día fue cuando el tío los llevó por el pueblo.

6.3. Gramática: El Pretérito: Los Verbos -ER, -IR

Ejercicio 1/Exercise 1 (pp. 83-84)

Beber: A) Bebí B) Bebiste C) Bebió D) Bebimos E) Bebisteis F) Bebieron

Correr: A) Corrí B) Corriste C) Corrió D) Corrimos E) Corristeis F) Corrieron

Aplaudir: A) Aplaudí B) Aplaudiste C) Aplaudió D) Aplaudimos E) Aplaudisteis F) Aplaudieron

Escribir: A) Escribí B) Escribiste C) Escribió D) Escribimos E) Escribisteis F) Escribieron

Vender: A) Vendí B) Vendiste C) Vendió D) Vendimos E) Vendisteis F) Vendieron

Subir: A) Subí B) Subiste C) Subió D) Subimos E) Subisteis F) Subieron

Ejercicio 2/Exercise 2 (pp. 84)

1. Corrí
2. Abrieron
3. Escribió
4. Vendimos
5. Salisteis
6. Comiste
7. Subí
8. Recibiste
9. Bebió
10. Aprendieron

Ejercicio 3/Exercise 3 (pp.85)

Answers will vary.

6.4. Gramática: Las Expresiones de Tiempo ("Hace...")

Ejercicio 1/Exercise 1 (pp. 86)

1. Hace Que Comiste
2. Escribió Hace
3. Hace Que Estudio

CLAVE DE RESPUESTAS / ANSWER KEY

4. Pagaron Hace
5. Hace Que Comes
6. Compramos Hace
7. Hace Que Esperamos
8. Vistaste Hace
9. Hace Que Come

Ejercicio 2/Exercise 2 (pp. 86-87)
1. Hace dos semanas que asistí a la conferencia.
2. La niña escribió su tarea hace treinta minutos.
3. Hace dos horas que ellos leen el libro.
4. Hace cuatro meses que no vamos al cine.
5. Los niños comieron muchos dulces hace varios minutos.
6. Hace cinco años que tú trabajas en el hotel.
7. Hace una hora que mi amigo bebió un refresco.
8. Hace tres meses que yo enseño en la universidad.
9. Nosotros miramos la película hace cuatro días.
10. Ellos están en esta clase hace dos semanas.
11. Yo canté la canción hace dos años.
12. Ellos publicaron el libro hace seis años.
13. Hace dos días que Sofía, Joaquín y yo regresamos de España.
14. Hace seis meses que ella no trabaja.

6.5. Vocabulario: El Patio y El Garaje
Ejercicio 1/Exercise 1 (pp. 89)
1. La piscina
2. El balcón
3. El coche
4. La reposera
5. El martillo
6. El fuente
7. El banco
8. La regadera
9. El árbol
10. Las flores
11. La cerca
12. El casco

Ejercicio 2/Exercise 2 (pp. 90)
1. E
2. D
3. A
4. F

5. B
6. C

Ejercicio 3/Exercise 3 (pp. 90)
Answers will vary.

6.6. Gramática: Repaso Del Objeto Directo y Objeto Indirecto
Ejercicio 1/Exercise 1 (pp. 91)
1. Lo
2. Le
3. Los
4. Me
5. Las
6. Les
7. La
8. Os
9. Le
10. Nos
11. Te
12. Las
13. Le
14. Lo
15. Lo

Ejercicio 2/Exercise 2 (pp. 91-92)
1. Los regalos se las incluían.
2. Te los compramos.
3. Se la estoy escribiendo.
4. Franco se los trae.
5. Se los escribe.
6. Se lo traigo.
7. Se la escribió.
8. Se las reservamos.
9. Se los llevó.
10. Se la compré.
11. Se los explicamos.
12. Se lo enviaron.
13. Se la preparará.
14. Me los diseñarás.
15. Finalmente te lo vendimos.

Ejercicio 3/Exercise 3 (pp. 92)
1. Me la
2. Nos lo
3. Te los
4. Me la

CLAVE DE RESPUESTAS / ANSWER KEY

5. Se las

6. Se la

7. Se las

8. Se la

Ejercicio 4/Exercise 4 (pp. 92-93)

1. me la

2. nos lo

3. te los

4. me la

5. se las

6. se la

7. se las

8. se la

6.7. Rola Respuesta Rápida

Ejercicio 1/Exercise 1 (pp. 93)

A) busqué

B) buscaste

C) buscó

D) buscamos

E) buscasteis

F) buscaron

1. Ella buscó a su hermano.

2. Él buscó en la biblioteca.

3. Nosotros buscamos felicidad.

4. Uds. buscaron ayuda.

5. Ud. buscó algo.

6. Ellos buscaron mi libro.

Ejercicio 2/Exercise 2 (pp.94)

A) abrí

B) abriste

C) abrió

D) abrimos

E) abristeis

F) abrieron

1. Nosotros abrimos la puerta.

2. Vosotras abristeis un mundo nuevo.

3. Ella abrió un libro.

4. Yo abrí una computadora.

5. Ud. abrió nuestros ojos.

6. Tú abriste tu corazón.

Ejercicio 3/Exercise 3 (pp. 94)

A) discutí

B) discutiste

C) discutió

D) discutimos

E) discutisteis

F) discutieron

1. Nosotros discutimos con él.

2. Ellos discutieron todo.

3. Ella discutió la película.

4. Uds. discutieron los problemas.

5. Yo discutí el precio.

6. Vosotras discutisteis ese asunto.

Ejercicio 4/Exercise 4 (pp.95)

1. Yo comí en ese restaurante griego hace dos años. Yo recuerdo ahora es tuyo. Es un lugar fantástico.

2. Alice se olvidó de venir a mi fiesta el viernes. Estoy enojado con ella.

3. Ese niño se rompió la pierna en los columpios en el parque. ¡Pobrecito!

4. Lo viste ayer. Él es guapo, alto y claramente hace ejercicio.

5. Paul es más alto que Steve. Pero no importa. Los dos juegan al baloncesto.

6. Richard es el estudiante más inteligente en la escuela entera. Él solamente saca notas excelentes.

7. Esa casa es más grande que la tuya. La estoy viendo ahora.

8. Ya le mostré. Siempre me lavo el pelo con este champú de coc

9. The sentaste enfrente de la reunión entera y hablaste sobre tus sentimientos como un padre. Tienes que estar orgulloso.

10. Eres tan bonita como Mary. Puedes ganar la competición fácilmente.

CLAVE DE RESPUESTAS / ANSWER KEY

7. Capítulo 7/Chapter 7

7.1 Vocabulario: Los Pasatiempos

Ejercicio 1/Exercise 1 (pp. 98)

1. El juego de bolos
2. El tejido
3. El campamento
4. La pesca
5. El paracaidismo
6. El montañismo
7. El juego de mesa
8. La fotografía
9. La pintura
10. El baile

Ejercicio 2/Exercise 2 (pp. 99)

Answers will vary.

7.2. Lectura: Mis Pasatiempos

Ejercicio 1/Exercise 1 (pp. 100)

1. Ella es una estudiante universitaria y pasa tiempo con su familia y amigos.
2. Le gusta ver películas románticas, comedia, suspenso, terror y finales tristes.
3. Los fines de semana ella se junta con sus amigos para jugar juegos de mesa.
4. Answers may vary.
5. A ella le gusta comer de una manera inexplicable, innecesaria e inevitablemente todo.

7.3. Gramática: Practica El Pretérito

Ejercicio 1/Exercise 1 (pp. 101)

1. Nació
2. Representó
3. Criticó
4. Nació
5. Se conocieron
6. Se casaron
7. Abandonó
8. Llamó
9. Apareció
10. Se publicó
11. Ganó
12. Comenzó
13. Empezó
14. Nació

15. Escribieron
16. Vendieron
17. Se despidió
18. Volvió
19. Ganó

Ejercicio 2/Exercise 2 (pp.101)

Answers will vary.

Ejercicio 3/Exercise 3 (pp.102-103)

Nacer: A) Nací B) Naciste C) Nació D) Nacimos E) Nacisteis F) Nacieron

Doler: A) Dolí B) Doliste C) Dolió D) Dolimos E) Dolisteis F) Dolieron

Torcerse: A) Me torcí B) Te torciste C) Se torció D) Nos torcimos E) Os torcisteis F) Se torcieron

Romper: A) Rompí B) Rompiste C) Rompió D) Rompimos E) Rompisteis F) Rompieron

7.4. Gramática: Practica Los Tiempos Verbales

Ejercicio 1/Exercise 1 (pp. 103-105)

Abandonar: A) Abandonaré B) Abandonarás C) Abandonará D) Abandonaremos E) Abandonaréis F) Abandonarán

Cancelar: A) Cancelé B) Cancelaste C) Canceló D) Cancelamos E) Cancelasteis F) Cancelaron

Conseguir: A) Conseguiré B) Conseguirás C) Conseguirá D) Conseguiremos E) Conseguiréis F) Conseguirán

Festejar: A) Festejaré B) Festejarás C) Festejará D) Festejaremos E) Festejaréis F) Festejarán

Decidirse: A) Me Decidí B) Te Decidiste C) Se Decidió D) Nos Decidimos E) Os Decidisteis F) Se Decidieron

Llenar: A) Llené B) Llenaste C) Llenó D) Llenamos E) Llenasteis F) Llenaron

7.5. Vocabulario: El Patio y El Garaje

Ejercicio 1/Exercise 1 (pp. 106)

1. Me ducho
2. Te bañas
3. Se mira
4. Nos vestimos
5. Me afeito
6. Te duermes
7. Se seca
8. Se maquilla

CLAVE DE RESPUESTAS / ANSWER KEY

9. Se sienta

10. Se pone

11. Se prepara

12. Se cepillan

7.6. Rola Respuesta Rápida

Ejercicio 1/Exercise 1 (pp. 107)

A) escalaré

B) escalarás

C) escalará

D) escalaremos

E) escalaréis

F) escalarán

1. Ella escalará la montaña.

2. Nosotros escalaremos la torre.

3. Yo escalaré con mis amigos.

4. Vosotros escalaréis un árbol.

5. Ellos escalarán la escalera.

6. Él escalará el muro.

Ejercicio 2/Exercise 2 (pp. 107-108)

A) jugaré

B) jugarás

C) jugará

D) jugaremos

E) jugaréis

F) jugarán

1. Vosotras jugaréis al ajedrez.

2. Mi maestro/a no jugará a los dardos.

3. Nosotros jugaremos a las damas.

4. Ellos jugarán el dominó.

5. ¿Jugará Ud. a los dados?

6. Ellas jugarán a las bolitas.

Ejercicio 3/Exercise 3 (pp. 108)

A) caminaré

B) caminarás

C) caminará

D) caminaremos

E) caminaréis

F) caminarán

1. Él siempre caminará en la granja.

2. Ellos no caminarán en el bosque.

3. Nosotros caminaremos en el valle.

4. Yo caminaré a la huerta.

5. Uds. caminarán por el río.

6. Vosotras caminaréis a la montaña.

Ejercicio 4/Exercise 4 (pp.108-109)

1. Después del largo viaje, Carmen y yo dormimos doce horas seguidas hasta el día siguiente.

2. Oh, hola cariño. ¿Le pediste a Monica el libro la semana pasada?

3. El viernes pasado después de cenar, nos sentimos muy mal. Tuvimos dolor de estómago.

4. Ellos se acostaron muy temprano anoche, entonces descansaron mucho.

5. No me gustó nada la película. No me gustan las películas violentas.

6. Ernesto y yo huimos del estrés de la ciudad y disfrutamos de un hermoso fin de semana en el campo.

7. ¿Entonces, cupo todo en ese coche? Es bastante pequeño.

8. En enero compré un coche. En junio lo vendí.

9. El martes pasado viajamos a Londres. El viernes visitamos la galería Tate.

10. En marzo me mudé a la ciudad. En noviembre te mudaste conmigo.

Ejercicio 5/Exercise 5 (pp.109)

Answers will vary.

ADDITIONAL RESOURCES

Interested in signing up for a language course?
Visit rolalang.com or contact us at info@rolalanguages.com.
Follow us on social media: @rolalanguages

Other titles by Edward Lee Rocha
Rola Languages' Spanish: Level 1
Rola Languages' Spanish: Level 2
Rola Languages' Spanish: Level 3
Bilingual Holiday Series
La Familia Rocha Series

Love this book?
Please leave us a review.

Have comments/questions or need assistance?
Please visit rolalang.com or contact us at info@rolalanguages.com
We're happy to help!

COPYRIGHT © 2021 BY ROLA CORPORATION

Lightning Source UK Ltd.
Milton Keynes UK
UKHW051732160521
383707UK00007BA/35